U0113736

纵横精华·第三辑

刘未鸣 韩淑芳 主编

老京城的
春秋过往

中国文史出版社

目 录

颐和园撷忆

刘若晏

　　颐和园是中国最后一个封建王朝清朝最后建造的皇家园林，至今已有二百多年历史。颐和园是全国重点文物保护单位，也是首都对外开放的橱窗。

　　我自 1949 年春天来颐和园工作，40 载于兹，追怀往事，不胜感慨。

颐和园是 1928 年 7 月 1 日才正式改为公园的

　　辛亥革命爆发后，1912 年 1 月 1 日中华民国成立，2 月 12 日（清宣统四年十二月二十五日），清宣统帝（溥仪）宣布退位。原任清朝总理大臣，后代表清室议和，而后又任中华民国临时大总统的袁世凯，在议和过程中曾商定清帝退位后，民国政府给予优待条件。在民国政府给予优待条件中的（甲）项"关于大清皇帝辞位之后优待条件"中"第三款"中载明："大清皇帝辞位之后，暂居宫禁，日后移居颐和园，侍卫人等，照常留用。"因此虽然中华民国成立，但颐和园仍属溥仪所有，仍由清室内务府管理。

民国元年（1912年）9月12日辛亥革命领袖孙中山、黄兴曾来参观颐和园。翌年，由于中外人士纷纷要求参观颐和园，当时民国政府曾规定参观者须经外交部审批，发给门照，通知清室内务府。后又改为外国人参观由外交部批准，中国人参观由内务部或步军统领衙门办理。同年4月，步军统领衙门制定《瞻仰颐和园简章》，规定了有限制的参观办法。只限"政、党、军、学界"，"女界"不得参观，并规定各界每次限十人，前三天将姓名年岁申报，由步军统领衙门发给门照。每月农历逢六日开放，一个月开放三次。进园验照，出园交照，手续严格。由于不准"女界"参观，引起妇女界强烈反对，于是不得不放宽允许"各政党女眷及女校学生"参观。民国三年（1914年）步军统领衙门又以"于开放游览之中，寓存款之意"，提出《颐和园等处售券试办章程》，开始对参观者收费。票券收入三分之二归清室内务府，三分之一由步军统领衙门掌握，备作修西郊马路之存款。

自1908年（清光绪三十四年）慈禧太后与光绪帝去世后，宣统帝即位，自同年12月19日（清光绪三十四年十一月二十六日）监国摄政王面奉隆裕皇太后（光绪后）懿旨："皇帝尚在冲龄，一时未能监幸颐和园，着该管大臣饬令司员等将殿座陈设妥为封存看守……"直到民国十三年（1924年）11月溥仪被迫出宫，溥仪只在这一年的5月21日来过颐和园一次。

民国十三年11月5日溥仪被驱逐出紫禁城，民国政府摄政内阁会议通过修改清室优待条件，其第三条改为："清室应按照原优待条件第三条，即日移出宫禁，以后得自由选择住居，但民国政府仍负保护责任。"至此颐和园不再是溥仪私产。但是当时的民国政府清室善后委员会只会同清室内务府将颐和园内殿宇加封，并未接收与组织颐和园的管理机构。同时，国民军第十一师接管西郊一带古迹名胜，也驻扎颐和园，但"仅派员提款（指提出三分之一的收入），不问园事，园内员役概依其旧"。至民国十五年（1926年）民国政府京畿卫戍司令王怀庆将颐和园交还清室，由清室办事处派贝勒润祺（溥仪之内兄）接管，成立清室办事处经理颐和园事务所管理颐和园。直到民国十七年（1928年）北伐成功，南京国民政府内政部于7月1日接收颐和园，成立了内政部颐和园管理事务所——第一次成立由中华民国政府设立的园林管理机构。同年8月15日移交北平市政府，成立管理颐和园事务所。

由于民国十三年溥仪出宫，民国政府并未接收与成立颐和园管理机构，而民国十五年只凭卫戍司令王怀庆个人决定，竟又将颐和园交还清室，仍由清室办事处设置颐和园管理机构，直到民国十七年南京国民政府内政部接收。因此虽然颐和园一直仍在售票开放，但是从产权及园林管理权上看，仍属私园开放。民国十七年7月1日南京国民政府接收，成立中华民国的颐和园管理机构，颐和园才正式成了公园。

从民国十三年至民国十七年的怪现象，反映了资产阶级民主主义革命的不彻底性及北洋军阀政府期间之混乱。王怀庆是清朝遗老，溥仪曾在民国十三年6月28日将紫竹院行宫赏给王怀庆。

过去有关颐和园导游等书籍均讲"民国十三年溥仪出宫后，颐和园改为公园"。1988年颐和园管理处进行修史工作，查清这段历史，明确了颐和园改为公园的日期应为1928年7月1日。

颐和园历史上最光荣的一页

1949年3月24日晚，中共中央和中国人民解放军总部迁来北平，毛主席和其他中央领导同志在清华园火车站下车后，先到颐和园休息。当时颐和园负责同志柳林溪在东宫门迎接，引毛主席等中央领导同志到益寿堂。毛主席尚未坐定，就问柳林溪是否认识他。柳是 1927 年参加革命的，柳答 1943 年在延安行政学院，1944 年至 1946 年在瓦窑堡搞生产，亲自听过毛主席报告，毛主席去重庆来回柳都参加迎接。毛主席叫柳先下去。夜 12 时左右，毛主席处打电话叫柳，并派警卫员用马灯接他上山。毛主席问颐和园还有太监没有？① 又问有多少工人与旧职员？毛主席说这些人我们全包下来，照发工资，不要降低他们的生活水平，不能叫他们失业，不然他们会说共产党来倒没有饭吃，还不如国民党好。我们有在山沟打游击的经验，没有管理公园的经验，要向他们学习管理公园的经验。我们不但要管理好原有公园，还要建设新公园。过去地主资本家逛公园，今后要让工农老百姓也逛公园。我们要比国民党搞得好，搞好公园也是为人民服务。毛主席当夜在益寿堂西厢房，手枪班在东厢房，当时中共中央办公厅主任杨尚昆在景福阁，其他有的同志在乐农轩。毛主席与中央领导同志很忙，虽然经过长途旅程但仍不休息，到夜间才吃晚饭，每人一菜一汤大米饭，没有鸡鸭鱼肉，只是一般的炒菜。毛主席习惯于夜间办公，快天亮才睡觉。第二天去西苑飞机场②阅兵，然后去香山。

颐和园为北平和平解放作贡献

北平市在 1949 年 1 月 31 日和平解放，而颐和园已先于 1948 年 12 月 13 日解放，因而颐和园在和平解放北平的过渡中，有一段光荣的历史。

1949 年 1 月 20 日北平市军事管制委员会决定接收颐和园，21 日派

---

① 清宫太监于改为公园后曾有留在园内为游客做向导，新中国成立前园内早已无太监。

② 西苑飞机场是当时对西郊飞机场的叫法。

柳林溪、姜金镛、薛宝珠三位同志来园。

1月26日北平市军事管制委员会主任、北平市市长叶剑英在颐和园向接管北平的全体干部作报告，进一步讲明时局及进城后工作问题。

按照1月19日中国人民解放军与傅作义"华北总部"签订的《关于北平和平解放问题的协议书》，在过渡时期，双方成立联合办事机构。1月29日下午2时半联合办事机构在颐和园益寿堂召开了第一次会议。我方出席有叶剑英、徐冰、戎子和、程子华、陶铸、莫文骅等同志，傅方代表有郭宗汾、焦实斋、周北峰三人。会议决定：一、联合办事机构为一临时性质的工作机构，完全为了完成接管工作任务而设，并非联合掌握政权机构，推进工作依人民利益为最高原则。联合办事机构包括解放军代表四人、傅方代表三人，共七人组成。由叶剑英任主任负责领导。机构地点设在东交民巷旧日本大使馆。二、在1月31日上午12时以前，北平城中所有国民党军队三个师全部撤到城外规定地点，当日由人民解放军进城接防。三、入城后废止金圆券使用，由当地印钞厂印制人民银行券流通。四、为保证人民解放军及工作人员入城后的安全，由傅方负责限制其特务分子活动。会议上还了解了当时市内敌方一些情况及外侨、学校、金融、交通等情况。

1月31日北平和平解放，人民解放军入城后，2月1日上午10时半又在颐和园景福阁召开联合办事机构第二次会议。我方出席有叶剑英、徐冰、陶铸、戎子和、谭政文等同志，傅方仍由郭、焦、周三人为代表。会议决定：一、联合办事机构名称定为"北平联合办事处"，由叶剑英为正主任，郭宗汾为副主任，下设军事组（我方陶铸、傅方郭宗汾），文教行政组（我方徐冰、傅方焦实斋），财经组（我方戎子和、傅方周北峰）。二、首先接管市政府及公安机关。三、决定人民币与金圆券兑换比值，并优待学生、工人、公教人员及城市贫民。四、设置防空设备，以防蒋军滥炸损失。在会上叶剑英还对傅方代表讲了如下几点意见：一、我们对傅作义将军的看法是以这次北平的和平解放为中心，以过去的历史为参考。二、希望傅将军能由单纯军事行动，上升为一种政治上的行动，希望他能明确表示愿意站在人民的立场上，坚决反对反革命。三、对于宣传问题，我们的宣传政策是由中央统一的。中共的宣传政策向来不对任何人加以刺激，即使有些批评，也是下药治病，救人活命。四、共产党人乃是靠正确的政策领导。此种政策为人民所接受，绝非包办，而且共产党人也绝对愿与党外朋友合作，决无门户之见。

当时颐和园尚未售票开放。为了能在颐和园开好以上会议，军管会接收颐和园工作组进园后，先清理园内政治环境。解放前有不少租户住在园内。其中清华轩住着袁克定，他是袁世凯的"大公子"，袁世凯称帝的积极策划者，自"七七事变"后来此居住，一直不交房租。柳林溪同志让工人请他来公园管理处，他带着五六个人气势汹汹地来了，他讲他无钱交房租，他的日常生活费用都是"蒋委员长"（蒋介石）给的，如果"蒋委员长"给他钱，他才交租。态度极为蛮横。我们坚持扣存他家中所摆文物陈设作为欠租抵押，坚决请他搬出园去，当时工人们与他说理斗争，他终于不得不在 1 月 29 日以前迁走，保证会议安全地召开。

公园为人民服务解决游人困难

颐和园是全国重点文物保护单位。按照国务院有关文物政策，整修古迹必须保持原状。颐和园四十多年来，整修园林建筑一直遵循这一规定。

但是，由于慈禧重修颐和园后，为了她个人享受，在清漪园怡春堂原址上建起德和园大戏楼一组院落式建筑。使原来怡春堂前是开阔式庭院，可供由勤政殿（今仁寿殿）至乐寿堂的宽敞通道变成在德和园与宜芸馆之间一条狭窄的小胡同，破坏了原来的造园布局和"处处有景、景景相融"的园林艺术风格。

新中国成立后，游人骤增，由仁寿殿至乐寿堂只能走这条小胡同或走宜芸馆以西"九道湾"曲折极窄的湖岸，造成拥挤不堪，管理困难，游人意见很多。

1965年4月25日，住在养云轩休养的国防委员会副主席张治中来到公园管理处对此提出意见，他建议把玉澜堂拆移到西堤去，或是由南湖岛到西堤修一座大桥，并建议修环湖路，以疏散游人，谆谆告诫公园必须为人民服务，解决游人困难。同时他给北京市政府也写了人民来信。

针对这个问题，全国人大常委、古建专家梁思成也在人大会议中提案：建议由玉澜堂前至北岸在湖上修一座曲桥。

北京市万里副市长将张、梁二位的意见交给了北京市园林局局长丁洪，又请市建委副主任董文兴等多次到现场勘查。经过多次研究，丁洪提出将宜芸馆门前的东房三间改为敞厅，使这个原来是封闭式的院落敞开，将宜芸馆正殿改为穿堂式殿堂，这样使游人从仁寿殿至乐寿堂可以不只走那个小胡同；同时，又将"九道湾"减少两个湾，以减少"九道湾"上游人的拥挤；还将宜芸馆西侧走廊中一间向湖岸突出的亭座开了门，与"九道湾"相通，调剂了这一带的通道。丁洪的拟改方案得到万里副市长的同意，亦得到张治中、梁思成两位先生的赞许，缓和了这一带游人拥挤的困难，解决了慈禧重修颐和园后对造园布局的破坏。公园为人民服务，解决了游人困难，也得到群众的称赞。虽然不得已小有拆动，但仍是贯彻国务院文物政策精神，保存了古迹造园布局及建筑外貌的原状。

1986年颐和园又建成昆明湖环湖路，落实了张治中先生的建议。

民国颐和园开放旧事

窦忠如

　　1911 年，主宰中国 268 年的清王朝在辛亥革命的一声炮响中，终于落下了几千年的封建帷幕。于是，皇家园林颐和园也就进入了民国的历史航道。民国时期依然还残留着清朝封建社会的小朝廷，颐和园依然还是爱新觉罗氏的私家财产。这种不伦不类的社会形态，使颐和园又不知演绎了多少春秋故事，这也许是读者所感兴趣的。

　　作为皇家御园，颐和园不仅建造精巧，而且戒备森严，数百年来始终被蒙上了一层神秘的面纱。为此，世人一直都对观瞻颐和园有一种强烈的渴望。然而，即便是中国末代皇帝溥仪退了位，颐和园等皇家园林也受到中华民国的特别保护。当时，虽然逊帝溥仪没有移住进颐和园，但清室内务府对颐和园的管理仍然十分严格。不过，许多中外人士纷纷要求参观颐和园。于是，1913 年 4 月这座皇家御园终于第一次敞开了禁闭数百年的神秘大门。

　　颐和园虽然对外开放了，但那时参观颐和园仍有着十分严格的审批程序，而且还有许多当时和今天看来都不尽合理的限制。据清朝步兵统领衔门制定的《瞻仰颐和园简章》中规定，所有参观者必须经外交部批准，发给门照后并通知清室内务府，才能入园参观。后来，又改为外国人参观由外交部批准，中国人参观则由内务部或步军统领衙门办理。同时，对于参观颐和园还有人员身份的限定，即只允许"政、党、军、学界"人员参观，而"女界"不得入园，并规定各界每次入园参观者仅限10人，且三天前就得将参观者的姓名、年龄向有关部门进行申报，由步军统领衙门发给门照，然后才能入园参观。即便如此，参观颐和园也不像今天这样能够每天随时入园游览，而是限定在农历每月逢六才开放，一个月仅开放三次，每次参观时间为上午9时至下午6时。据当时居住在颐和园附近的老人说，那时参观颐和园的手续十分严格，入园验照，出园交照，不容有丝毫的马虎。当时，由于明确规定不许"女界"参观，便引起了妇女界的强烈反对，后来清朝小朝廷不得不放宽政策，允许各政党的女眷和在校的女学生入园参观，这才稍稍缓解了一些矛盾。

不过，由于当时民国政府对清室的优待条件并不能完全落实，再加上清朝小朝廷奢靡浪费严重，致使其"财政"出现了严重的赤字。不善于节流的皇族人员便想尽办法进行开源，据说最艰难时竟抽干了中南海里的水，把鱼虾都捕获到街市上出售换钱使了。于是，《颐和园等处售券试办章程》的出笼便顺理成章。当时的清朝小朝廷也不讳言地说："于开放游览之中，寓存款之意。"而到了1924年10月，冯玉祥将军发动了"北京政变"，不仅修改对清皇室的优待条件，而且还将溥仪等人驱逐出紫禁城，颐和园也从此不再属于皇家的私产了。

冯玉祥将军的"国民军"进驻颐和园后，国民政府的清室善后委员会和清室内务府将园内所有殿宇都进行了查封，但并未接收园林的管理机构，原先的人事制度也没有变更，且依然实行对外售票开放的政策。

可后来，曾经接受过溥仪赏赐紫竹院恩惠的民国政府京畿卫戍司令王怀庆，竟然投桃报李地将颐和园又交还给了清室。于是，1926年清室办事处（原清室内务府）派贝勒润祺（溥仪的内兄）再次接管颐和园，并成立了"清室办事处经理颐和园事务所"，直到1928年7月1日南京国民政府内政部派员正式接收为止，才在同年8月15日交由北平特别市政府进行管理。在这期间，虽然颐和园一直也是售票开放，但从园林的管理性质来看，颐和园真正成为公园，还是应该从中华民国成立后的1928年算起。

颐和园虽然成了公园，但昂贵的门票却使许多人望而却步。当时，参观颐和园的门票为银圆1元2角，还不包括游览其中各单体景观的费用，如排云殿收费5角、谐趣园2角、南湖3角、石丈亭1角、德和园1角、石舫1角，总共合计银圆为2元5角。如果乘坐太平船、洋轮或人力车也是要收费的，如乘船每人2元，在东堤乘坐人力车由文昌阁至龙王庙每人需铜元15枚，由龙王庙至绣漪桥则需铜元20枚。据那时在北京大学任教的吴虞曾带领家人到颐和园游览时在当天的日记中所述：

五月十五日（旧历），星期四，阴晴不定。

同三女四女（吴的两个女儿——编者注），坐汽车游颐和园。往来车费十元，酒资洋一元。门票洋一元二。入排云殿又买票，每人洋五角，谐趣园又买票，每人洋二角。西餐洋十元，饮茶洋七角六。汽车场停车费三角。购买的颐和园图一张，洋一角。四女为予买枣木手杖一根，洋五角。园中陈设全收，桌上花瓶，只余木座，尘凝数寸，门贴封条，惟睹其建筑之宏壮……湖中有舟，游湖可三元则至五元。

吴家父女三人游一次颐和园，竟花去大洋20多元，相当于当时购买10袋面粉的钱，而10袋面粉约有400多斤，可供一人食用一年有余。如此昂贵的票价，自然不是平民百姓家所能承受，所以当时能够到颐和园里参观游览的依然是权贵豪富们。而当日本侵华战争爆发，日军于1937年7月31日占领颐和园时，游园不仅不需要什么门票，而且还设有免费的茶水招待。不过，那时能够入园参观的只有日本人。到了1948年12月13日颐和园获得解放后，于第二年的4月10日重新对外开放，并大大降低了入园门票。初始，颐和园的每张门票定为2角（即当时旧人民币2000元），后改为1角，"文化大革命"中改为5分，"文革"结束后又恢复1角，到了1991年初，普通门票由1角又改为2元。颐和园票价几经变更的缘由，在1991年8月3日的《中国旅游报》上曾有报道解释说：

颐和园普通门票从一角提高到两元，调价幅度是比较大的。物价普通上涨是个原因。但主要原因是，原来的票价是北京解放初期定的，那时候刚解放，主要考虑像颐和园这样的皇家园林应该属于人民。甚至一度将颐和园改名叫"人民公园"。当时还有人主张取消门票，因为这是人民的，应免票让老百姓参观。经过几十年的实践，现在看来这样下去将后患无穷。颐和园是目前世界上规模最大，保存最完整的唯一的东方皇家园林，其历史价值和艺术价值无法估量，是一个无价之宝。从这个意义上讲，我们要全心全意地保护它，尽善尽美地利用它。为什么世界上的东西要标个价，因为反映它的价值。像颐和园这么伟大的园林，普通门票只一角钱，这等于告诉人们它没有什么价值。颐和园不仅是中国人民的财富，也是人类共同的文化遗产，一角钱门票等于一支香烟，太便宜了。大家都来，最多时一天25万人次。文化素质不高，又不注意爱护，造成严重的人为破坏。有的专家说："这等于在用斧头砍一件极珍贵的艺术品。"长此下去，我们这一代如何向子孙交代。亡羊补牢，犹未晚也。必须立即用票价限制进园人数。现在2元一张的普通门票，是考虑到群众的承受能力而定的，并未完全按照颐和园的实际价值去标价，能否把参观人数控制在较为理想的数量仍很难断定。

当然，参观游览颐和园的门票之所以如此昂贵，除了它本身具有的艺术价值和历史价值外，还有就是它数百年来的神秘性。作为皇家御园，颐和园与皇家其他的行宫苑囿一样不是一般人能够入园的。据说，有一次李鸿章出使归来，路过已经被英法联军焚烧毁坏的圆明园时想进去看看。虽然李鸿章深知皇家苑囿森严的管理制度，但他以为看一座被毁坏的皇家园林遗址，也许不会有什么差错，即便稍有犯禁，凭借自己的威望也不会有多大问题。然而，当慈禧太后得知李鸿章擅自进入皇家苑囿时，十分震怒，对这位清朝重臣、北洋大员还是处以罚俸的惩处。试想，如果此事发生在一般官员的身上，其获罪肯定是要严重多了。

王谢门庭：京津两座庆王府

华尔嘉

在近代史上，庆亲王奕劻是一位举足轻重的人物，他是继恭亲王奕䜣、醇亲王奕之后出掌枢垣的满族亲贵，身膺要职，位高权重，对近代史起到不可忽视的影响。他的府邸在今北京西城定阜街3号，是一座房屋近千间的豪华王府。他的发迹显贵与晚清政局的波谲云诡密切相关。

奕劻（1838—1917），爱新觉罗氏，字辅廷，满洲镶蓝旗人，清宗室，乾隆帝第十七子永璘之孙。乾隆晚年，诸子争宠，意在立储。永璘为乾隆帝幼子，与嘉庆帝为同母兄弟。他自揆无缘帝位，因此避免参与争位活动。一次，诸王子相聚，论及和珅弄权当朝，争着要把他置之于法，唯独永璘缄默不语。众人问他，永璘回答："我自知没有大志，只希望异日分封时，得到和珅的宅第就心愿足矣。"乾隆去世后，嘉庆帝即位，下旨查抄和珅，其府第也被没入官府，永璘如愿以偿，被赏赐到后海南岸三座桥附近的和珅府，即今恭王府，并被封惠郡王，不久改封庆郡王。嘉庆二十五年（1820年），永璘临终前被晋封庆亲王，其第三子绵愍承袭郡王爵位，成为第二代庆王。因其无子嗣，死后奉旨以仪顺郡王绵志之子奕彩为继子，成为第三代庆王。后因奕彩在国丧期间违制纳妾被革爵，由永璘第五子绵悌袭镇国公，不久因事降为镇国将军，死后由永璘第六子绵性之子奕劻继袭辅国将军。根据清代宗室封爵规定与王公府第建筑规制，咸丰元年（1851 年）奕劻从庆王府中搬出，其府第被赏给恭亲王奕䜣。奕劻则搬到定府大街原道光时大学士琦善故宅，其前身为三等奉义公府。琦善曾任直隶总督，擢升文渊阁大学士，第一次鸦片战争时力主妥协，道光二十年（1840 年）被任命钦差大臣赴广州与英军议和，他诬陷林则徐禁烟措施失当。在谈判中，琦善对英军献媚求和，畏敌如虎，擅自同意割让香港，与英人草签卖国的《穿鼻草约》，事被揭发，琦善革职拿问，在京家产府第被籍没，成为闲置官房，其子恭镗搬到厂桥附近居住。至此，160 余间的琦善故宅成为奕劻的新府。

定府大街得名于明朝开国元勋徐达父子。明初，朱元璋派大将徐达率兵北伐，攻占元大都后改称北平。徐达常年在外征守，是开国第一功臣，与太祖朱元璋有布衣兄弟之称，被封魏国公，后追封中山王，其府邸即建于此。其子徐增寿在燕王朱棣发动的"靖难之役"中有功，朱棣夺得帝位后，封他为定国公，承袭其父府邸，此地遂有定府大街之名。奕劻入住定府大街（以后将"府"谐音为"阜"。1965 年整顿地名，去掉"大"字，沿用至今）新府后，鸿运高照，二十余年间，屡有升迁，从贝子、贝勒晋封为庆郡王，任御前大臣，1884 年奉命管理各国事务衙门。因为他与慈禧太后的弟弟照祥关系密切，与其另一个弟弟桂祥为姻亲，得到慈禧太后眷顾，善于奉迎的奕劻青云直上，如日方中。光绪十年（1884 年），恭亲王奕䜣在与慈禧太后政争中失利被罢黜，朝政转归慈禧太后的妹夫醇亲王奕掌管，奕劻奉旨会同奕办理海军事务。为讨得慈禧太后欢心，他们二人不惜挪用海军经费为慈禧太后修建颐和园。光绪二十年（1894年），慈禧太后六旬大寿，亲下懿旨晋封奕劻为庆亲王，奉旨在紫禁城内乘坐二人肩舆，赏食亲王双俸，荣耀非凡。光绪二十六年（1900年），八国联军侵占北京，慈禧太后挟光绪帝仓皇西逃，命奕劻和李鸿章为全权大臣与八国联军议和，谈判中奉行"量中华之物力，结与国之欢心"的卖国路线，签订了丧权辱国的《辛丑条约》。光绪二十九年（1903年），奕劻被授军机大臣，兼管外交、财政、练兵等事务，总揽朝政大权。光绪三十四年（1908年），命以亲王世袭，享有清宗室的最高待遇。有清一代，除开国佐命殊勋的八个铁帽子王为世袭罔替之外，只有雍正帝之弟、怡贤亲王允祥，咸丰帝之弟、恭亲王奕䜣和醇亲王奕得到此项封赏，奕劻以远支宗亲获此懋赏殊荣，从中可以看出清廷对他的倚重。他有何殊勋骏绩而独承天眷呢？据野史记载，慈禧太后病危立遗诏时，奕劻冒命犯上，力请醇亲王载沣之子溥仪入承大统，为同治帝之后，并兼祧光绪帝，再三奏请，始得获准。如此立嗣，一举两得，即使光绪帝无后，其皇后隆裕名正言顺地成为宣统帝的母后，掌有实权。至今，奕劻受封为亲王世袭罔替的银质镀金受封册页完好地保存于天津历史博物馆内，成为历史的见证。

奕劻内恃恩宠，外结袁世凯等地方实力派，权势日隆，政以贿成，官以私进，朝政日坏。他利用先后五次出任京师崇文门税关正监督肥缺之机，贪污纳贿，卖官鬻爵，大发横财，名利之徒趋之若鹜，接踵其门，时人戏称之为"庆记公司"，更因奕劻与满族权贵大臣那桐沆瀣一气，苟且公行，时人讥讽为"庆那公司"。民谣形容奕劻等人贪污误国："杀端方，宰铁良，贪赃枉法庆亲王，里勾外连袁世凯，锉骨扬灰徐世昌。"由于奕劻媚上固宠，深得慈禧太后欢心，其长子载振也青云得路，少年得志，14岁即被赏头品顶戴，18岁封二等镇国公。光绪二十七年（1901年），被选派英国参加英皇加冕典礼，加贝子衔。继而出访比利时、法国、美国和日本，考察各国政治。周游五国后，擢都统，简派为新设立的商部尚书，后改任农工商部尚书。载振不学无术，生活腐化，奢侈无度，以纨绔子弟的放浪恶行声名狼藉，不齿于清议，屡遭弹劾，赖有慈禧太后庇佑而保有禄位。奕劻的四女儿人称四格格，最受慈禧太后宠爱，在宫中陪伴"老佛爷"，恣情玩乐。有一次，慈禧太后饰扮观世音菩萨，四格格饰扮龙女，大太监李莲英饰扮善财童子，合照了一张相，留存至今，是后人熟悉的一张照片。

奕劻贪婪成性，朝野闻名，光绪三十年（1904 年），御史蒋式瑆上疏弹劾奕劻"细大不捐，门庭如市"，近日将私产 120 万两白银存入英商汇丰银行。清廷派人往查，被英商所拒，以查无实据上报，蒋式瑆反而因此落职。光绪三十三年（1907 年），东北地区建省，改盛京将军为东三省总督，设奉天、吉林、黑龙江三省巡抚，清廷派载振与徐世昌查勘边务。直隶总督袁世凯的心腹段芝贵为谋得要职，不惜花一万二千两重金购得梨园名伶杨翠喜献予载振，以求进身之阶。事被御史赵启霖风闻，上疏参奏段芝贵，连及奕劻、载振父子。早有人将此事通报奕劻父子，密商于袁世凯，设法加以弥缝，掩盖真相。清廷派醇亲王载沣、大学士孙家鼐查办此事，又以"事出有因，查无实据"结案，赵启霖也以妄言落职。面对群言藉藉，载振辞去农工商部尚书及各项差使，赋闲家居。1911 年，武昌起义爆发，奕劻力主被罢黜的袁世凯出山收拾残局，让内阁总理大臣之位于袁，受袁的蛊惑，合谋对隆裕太后连逼带吓，软硬兼施，最终迫使宣统帝溥仪逊位。

奕劻以历年聚敛，按王府规制改建、修葺庆王府，大兴土木，在定府大街路北（今定阜街 3 号）修建了一座占地 2.5 万平方米、坐北朝南、气势宏伟的府邸。根据《大清会典》，亲王府的建筑规制为："正门五间，启门三，缭以崇垣，基高三尺。正殿七间，基高四尺五寸。翼楼各五间。前墀护以石栏，台基高七尺二寸。后殿五间，基高二尺。后寝七间，基高二尺五寸。后楼七间，基高尺有八寸。共屋五重。"庆王府遵此规制，东西长 400 余步，南北长 230 余步，呈长方形，占地 2.5 万平方米。府内分左、中、右三路，自东向西有五个并排的院落，房屋楼阁近千间。朱红漆大门，主房九处，高大如宫阙，富丽堂皇，屋顶覆以泥瓦。奕劻住在西院，其所住北房匾名"宜春堂"，其书房名"约斋"，客厅名"契兰斋"。房屋装修典雅精致，屋内摆放古玩字画，锦卷牙签，缃缣成帙，以显示主人的文雅风流。西院内有一座绣楼，雕饰彩绘，精美绝伦。后园有一座二层戏楼，可容纳三四百人观赏演出。每逢奕劻父子生日或喜庆之事，府中大摆筵席，演戏三天，诸京剧名角入府唱堂会庆贺，或招在京王公大臣及其子弟组成的贵胄班串演，极尽豪华之能事。可惜的是，1971 年，戏楼不慎失火被毁。西院生活区内有一条 50 米长的小巧精致的抄手游廊，墙体上的什锦窗形状各异，有心、瓶、石榴等多种造型，典雅别致。府内屋宇错落，回廊曲折，花木扶疏，栽种各种鲜花，赏人悦目，有近百名用人仆役供主人驱使。

辛亥革命以后，清王公贵族纷纷出京暂避，以观动向。奕劻与载振父子携巨款避居天津，住进租界，杜门不出。1917 年，奕劻病死，民国大总统黎元洪根据清帝逊位时与民国政府签订的《待遇皇族四条》中"清室王公世爵，概仍其旧"的成议，以载振承袭庆亲王爵位，并颁发铸造的银制镀金册页。载振返京后，与两个弟弟分居，将庆王府用墙砌隔成三个独立院落，各开大门出入。他自住东院，两个弟弟分住中、西院。为了避免引人注目，载振把东院原来显示土公尊贵的门楣上四个呈六角形门簪的朱红漆大门改成与一般住户一样的小门，门前的"辖喝木"和仪仗等陈设也一律拆除。不久，中院失火被烧毁，载振兄弟三人先后迁居天津，府中仅留一些老佣看房。1928 年，国民革命军方振武部曾设司令部于庆王府，年余后撤走。1940年，载振以45万元伪币，将庆王府售予伪华北政务委员会建设总署，兄弟三人平分。抗日战争胜利后，国民党政府接收了庆王府，先后成为十一战区长官司令部、教育部编审会、北平地区空军司令部所在地。中华人民共和国成立后，这里曾为京津卫戍区司令部，现为北京卫戍区所属机关使用。此府正门、正殿已改建成楼房，后殿和西部三路宅院保存尚好。

1925年，载振迁居天津，相中了前清太监小德张（张祥斋）的别墅。民国初年，小德张离开宫廷去天津做了寓公，在旧英租界剑桥道（今重庆道）购置了一所别墅，自行设计，建成了一座占地4385平方米、总建筑面积5085平方米的南北向楼房。楼房为木石结构，包括附属平房，共94间。主楼为西洋柱式回廊的中西合璧风格，平面为矩形，内部布局呈"回"字形，楼房分上下两层，带地下室。经双方商定，载振以天津的北马路十余所浮房和英租界一块十余亩的地基作交换，换取了小德张的这座别墅。

购得此房后，载振又重加扩建，在原有的二层建筑上，又加盖了一层，形成局部三层、中央为方形大厅的格局，内设一座可拆卸的小戏台。立面有类似爱奥克式围柱廊，栏杆是黄、绿、紫三色相间的六棱玻璃柱。门廊建成复合柱式，颇有宫殿气势，正面为上窄下宽的十七层台阶。进门是木雕隔扇，上嵌拱形比利时玻璃镜。一层、二层房间沿大厅四周呈东、西、南、北四面开间，均为"明三暗五"对称排列。周围是列柱式回廊，中间为空到顶的欧洲古典风格的开敞天井式大厅，大罩棚厅顶，有精美雕饰，大厅顶高悬葡萄形吊顶。局部三层为八间房，专门作为祭祀、供奉先祖影像的影堂。大厅内挂有御赐匾额和康熙帝御书的唐诗人白居易的诗句大条幅。大厅及客厅陈设豪华雅致，镶嵌罗钿的紫檀雕花家具古香古色、稳重大方。楼东还辟有花园，喷泉、太湖石假山、凉亭、甬道一应俱全，还有稀见的木化石数柱，给人以世外桃源、别有洞天之感。

载振一家居住在这座天津的庆王府内，锦衣玉食，饫甘餍肥，生活起居一仍王府旧制，直至 1947 年载振去世。天津庆王府传给了他的三个儿子溥钟、溥锐、溥铨，后来，当地居民称这座末代庆王府为"钟锐铨公寓"。中华人民共和国成立以后，这座名噪津门的庆王府归到人民手中，先后成为天津市人民对外友好协会、天津市人民政府外事办公室所在地，作为天津市重点文物保护单位，每逢双休日，这里部分厅堂对外开放，参观者可一饱眼福，观看庭院深深的王府，驰想历史的荣辱兴衰，感怀世事的沧桑变迁，京津两座庆王府，折射出近代那段风云变幻的历史。

从王府到帅府

张勇年 整理

北京解放以后，人民政府以相当可观的款项从张学良将军在大陆的亲属手中商购了坐落在西城的顺承王府大院，1950 年 8 月起，这座"王府"成为全国政协的办公地点。当政协机关刚搬进的时候，在正殿的天花板上，还保留着用篆体"寿"和"张"字组成的图案，据说，这是张学良将军为他的母亲祝寿时彩画的，整个正殿的内部也是那时改建的，里面已看不见一根明柱，而代之以宽敞的走廊和七八间大小不同的房间，增设了取暖和卫生等设备。直到现在，这里还是政协机关的办公室。

那么，顺承王府是怎样转到张作霖手里的呢？据有关人士回忆，民国初年，末代顺承郡王家道衰落，将王府的房产契据抵押在东交民巷法商东方汇理银行，作为息借贷款的偿还物。1920 年夏，张作霖应曹锟之约，从沈阳来京，起初住在西单旧刑部街奉天会馆，会馆原是奉天将军增祺旧宅，四合院。张嫌它不够宽敞，阳光不足，想另觅住宅。经张的儿女亲家、卸任的吉黑督军鲍贵卿的建议，张决定买下顺承王府作为府邸，并且请了三位"中保人"：京师警察厅督察长李达三、摄政王载沣的管家张彬舫和贝勒载涛。又派遣亲信副官郁少卿、副官长俞恩桂二人办理此事。房产作价是 75000 元（银币）。

不久，张作霖从奉天会馆迁入了这座清代世袭罔替的铁帽子王府，王府占地 40 亩，房屋 200 余间，但是因年久失修，相当破旧，张又拨款 35000 元来维修。从 1920 年到 1928 年张作霖在北京的时候，就住在这里，张学良将军到京，也曾住过这里。

张作霖为何看中这座王府，恐怕同他晚年的政治生涯有一定机缘。原来在张家买下这座王府大院之前，这里一度做过段祺瑞政府要员徐树铮的办公处。在张、段合作时，徐任关内奉军副司令，并任西北筹边使。所以，大门上挂着"西北筹边使公署"和"西北边防总司令部"两块牌子。后来，张鉴于皖系掌握的边防军势力日大，成为对自己的威胁，同时也看到段祺瑞的卖国外交和"武力统一"不得人心，所以他一变过去对段的支持，而暗中加入了直系策划的反皖八省联盟。于是，张先撤销了徐树铮奉军副司令职。1920 年 7 月直皖战争爆发，张作霖助直倒皖，皖系大败，徐树铮被夺去一切名号，并被通缉，张的亲信汤玉麟所率稽查大队来顺承王府搜捕徐的时候，徐早已遁入东交民巷日本公使馆藏匿起来。西北筹边使公署和西北边防总司令部的职员也都自行解散了。汤玉麟就住进了这座王府。当张家买妥这座院落，就由汤玉麟把王府交出了。

张作霖进关以后，加剧了民国初年的军阀角逐、南北混战的局势，张的政治野心也日益膨胀起来。但是，局势对他越来越不利，而他仍幻想以黄河为界的局面，1926 年年底成立安国军，张为总司令，翌年 6 月成立安国军政府于北京，张自称海陆军大元帅。直到 1928 年 6 月 4 日，张在从京回沈途中，被日本帝国主义分子炸死在皇姑屯。

古都团城今昔

胡瑞峰

北海公园南门西侧，有一座砖砌的城墙，城墙上露出巍峨的宫殿，苍翠的树木，显得那么清幽肃穆，古雅协调，这便是北京有名的团城。

团城的地基，原是辽时挖太液池时的泥土堆成的小岛，称作"圆坻"。金朝最早在这个岛上建造了大宁宫的一部分。到了元代，元世祖忽必烈在修建大都城时，他很欣赏这个圆形小岛，改称"瀛洲"，并在金时旧殿基础上，修建了一座圆殿，命名仪天殿，又名瀛洲圆殿。明成祖朱棣于永乐十五年（1417年）重修仪天殿，改名承光殿，把小岛东边和对面相通的木桥拆除填平，岛的四周砌以城砖，上筑女墙，名曰圆城，俗称团城。明嘉靖十一年（1532年）改名乾光殿。明末清初兵戈变乱中，团城殿宇塌坍，康熙二十九年（1690年）圣祖玄烨重修仪天殿，改圆殿为方殿，仍称为承光殿。乾隆十一年（1746年），高宗弘历对团城又进行较大的修建，今天团城的规模，就是这个时期形成的。

承光殿是团城的中心建筑，是一座黄琉璃筒瓦重檐歇山顶的方形大殿，四面各推出单檐卷棚顶抱厦，飞檐翘角，宏丽轩昂，庄严巍峨，其建筑形式，颇似故宫角楼，是古建筑中很少有的。殿内后厦木龛中，供有整玉雕琢的白玉释迦牟尼佛坐像，洁白无瑕，色泽清润，造像慈祥匀称。一臂外露，头顶及衣褶处，嵌有红绿宝石，极为精美。据夏仁虎《旧京琐记》载称："殿中供玉佛一尊，高与人齐。相传为嘉庆时西藏所贡，凡三：一供大内，一供雍和宫，一尊则供团城。" 1900 年八国联军入侵北京时，闯入团城，玉佛左臂被砍，至今刀痕犹在；衣饰的宝石，也多被抢走。

承光殿前，有蓝琉璃瓦顶的石亭一座，亭中白石莲花座上，放着一个大玉瓮，这便是闻名于世的"渎山大玉海"。大瓮是用一整块玉石雕琢而成，"玉有白章，随其形刻为鱼兽出没于波涛之状"。据说此玉出自四川岷山，岷山古称渎山，又因"其大可贮酒三十余石"遂以"渎山大玉海"名之。瓮口呈椭圆形，高 70 公分，长 182 公分，宽 135 公分，周长 493 公分，膛深 55 公分，重约 3500 公斤。据《元史·世祖本纪》载："至元二年（1265 年）十二月渎山大玉海成，敕置广寒殿。"广寒殿是元世祖忽必烈接见外宾和宴会群臣的地方。殿址在今北海琼华岛上的白塔处。元明两朝变代时，玉瓮流失在外。据《日下旧闻考》载："后在西华门外真武庙中，道人作菜瓮。乾隆十年，命以千金易之，仍置承光殿中。"这个坐落在西华门外的真武庙，俗名玉钵庵，它所在的胡同，亦以庵名。直到今天，庙址早已不存，可是玉钵庵胡同名仍然保留，现名玉钵胡同（在西华门西南方，百代胡同南）。乾隆十四年乾隆皇帝命工匠在承光殿前另建石亭，将大玉瓮陈设其中，配以汉白玉雕花石座。并命内廷翰林等 40 人各作咏玉瓮诗一首，刻于亭柱上，乾隆皇帝自己也作诗额，刻在亭子的门楣上。如今亭柱上的石刻，依然清晰可见。诗中的记述歌颂等，虽早已失去意义，可是这个近千年的巨型浮雕艺术珍品，却被完整地保存了下来。

承光殿东侧有一棵古松，叶为三针，名栝子松。据高士奇《金鳌退食笔记》载："昔有古松三棵，枝干槎牙，如龙奋爪挐空，突兀天表，金元旧物也，今止存其一。"这棵已有 800 多年历史的古松，树叶长得特别葱郁，挺秀的树枝，平伸在树顶，其下垂的枝干，则以杉木支撑，看去像一把苍翠的大伞。每当盛暑之季，浓荫铺地，遮蔽了半个团城。乾隆皇帝不仅为它写了一首《古栝行》，还认为它有"盘桓嘉荫抚奉客"之功，而封它为"遮荫侯"。说它"灵和之柳非伦比，沧桑阅尽依然佳"。从而感叹："种树之人安在哉？"

团城和承光殿是皇家的御园，当年乾隆皇帝就很喜欢它。他在主持隆重的祭礼或朝贺之后，在这里换礼服和歇脚。他的儿子嘉庆皇帝有时也在承光殿传膳和办理朝政。慈禧当年居西苑时也常到这里来，据《清宫词选》中《团城市肆》词注云：孝钦皇后居西苑时命宫监于北海承光殿侧，设列市肆，岁陈百货，亲往问价……光绪十八年即慈禧归政之第三年，光绪皇帝曾于此接见驻华各国使臣，当时光绪皇帝年轻志壮，尚有改革之雄心，此次接见外国使节，实有提高声誉之意。民国成立后，袁世凯当了大总统，为了实现他独裁专制的野心，先后解散了国民党和国会，另外成立一个完全由他亲信的官僚政客所组成的"政治会议"，会议的会址，便设在团城的承光殿。会议议长是袁的亲信李经羲（李鸿章的侄子），在他的领导下，按照袁的意旨，讨论了有关"修改约法""祭天祀孔的仪式"等问题，为袁的复辟帝制做了准备工作。这就是当时人们所说的"团城会议"。其后，作为段祺瑞政府的教育总长，近代资产阶级改良主义者梁启超，也在团城住过。

中华人民共和国成立以后，团城经过重新修葺，面貌一新，不时举办各种工艺美术展览和文化活动，供人游览。随着城市的发展，北京城内交通日益拥挤，从东四到西四这条东西干线，交通更是拥挤，特别是北海前门至金鳌玉桥一带，不但路不直，桥身窄，且有团城和桥头两座牌楼的阻碍，车辆常在这里阻塞。1954 年扩建这条马路时，有人主张拆除团城，另建新桥，有人反对。在两种意见相持不下之际，一天，周恩来总理冒着酷暑，亲自登上团城，他一面察看团城的环境和桥上往来的行人车辆，一面听取各方面的意见，最后和大家商量决定：保留团城，把中南海国务院的北墙南移，路面加宽，金鳌玉桥的牌楼拆移，桥面加宽，保持原样。这样团城才保存下来，东西干线交通拥挤的问题也得到了解决。

"卢沟桥"名称的来历

晓　平

　　自从 1937 年 7 月 7 日中国的抗日战争开始后，卢沟桥的名字从此闻名于海内外。但是这个抗战圣地的名字却长期被错写为"芦沟桥"，这就有必要讲一下其名字的来历了。

　　卢沟桥原名广利桥，建于金朝。桥下的河因经常泛滥，河道不定，原叫无定河。清朝时在此河下游修建了防洪堤，改"无定河"名为"永定河"至今。该河上游叫桑乾河，著名女作家丁玲的名作《太阳照在桑乾河上》写的就是这一带人们的故事。而广利桥下该河上、下游交接部分，因是卢姓族人繁衍生息聚居的地区，而被当地人称为"卢沟河"。随着岁月的流逝，"广利桥"也渐被人们以河名而替代称之为"卢沟桥"了。

　　由此可知，"卢沟"的意思是"卢家沟"，而非长满芦苇的沟，相信了解了这段历史，再也不会有人错把卢沟桥写成"芦沟桥"了。

居庸叠翠：守护京师的北门锁匙

高 巍

居庸关位于北京通往宣化、大同的一条长达 40 公里的沟壑之中，是古代长城的一个重要关口。特别是明朝永乐年间定都北京以后，又将皇陵安置在京城北部的天寿山地区。居庸关不仅担负着守卫京师北大门的重任，同时又成为守护明朝皇陵的北部屏障。

由于居庸关周围的大山上多为苍紫千重的石峦，唯有其左边多山、佳树、野花，翠色如波。夏天看时，确有叠翠层层，纵挂山崖之美。于是，乾隆年间在此立碑，推其为燕京八景之一，称"居庸叠翠"。如今，乾隆御笔亲题的石碑已失，唯有佳松层层的自然景观依然，与雄伟的居庸关关城连映，象征着北京西门大门的牢固长久，坚不可摧。

据文献记载，秦始皇修长城时，曾调遣了很多的穷苦人（就是"庸"）来此，这里是他们长期居住、劳作的地方（就是"居"）。不过，那时的长城并不在居庸关附近，而在其北面。《唐书》上开始有了居庸关的记载，但其关址和所辖范围多次变动。北魏以后，公元 446 年修筑"畿上塞围"，东起上谷，西直于河，这个"塞围"就是北魏的南长城，这才是居庸关修筑长城之始。到了北齐天保六年（555年），自幽州夏口（即南口）至恒州（大同）修筑了一条长达900余里的长城，并往东直到山海关。从此居庸关与其相连，成为真正意义上的长城重要关口。元代曾在这里设兵防御，在南口、北口屯军，任务是缴巡盗贼。不过，那时的居庸关还只是一堵高大的关垣，横亘在关沟当中，切断关沟通道，中间建有关门，供行人出入。明朝洪武元年（1368年）八月，明军进占元大都，元顺帝和后妃、太子，以及一批蒙古大臣，从健德门仓皇北逃，在蒙古仍号称"大元皇帝"，时刻准备伺机南回，恢复元王朝。为了防御元统治者卷土重来，必须加强京师北边的防御力量。为此，明太祖朱元璋就命令大将徐达修筑居庸关等处的关隘。修居庸关长城，这对于徐达来说并非什么难事。因为，不久前就是他和常遇春带领着明朝军队从这里打进的北京城，所以说，原居庸关城的优点、缺点，怎么改进，在他心中早有定局，此次领命前来，无非是把想法变为现实而已。

新修的居庸关关城，其规模等同于一座小城镇，关城内不仅包括著名的过街塔（云台），而且还有泰安寺、参将、指挥、巡关御使衙及营房等。此外，还有一座规模较大的书院。这些建筑遗址尚存。明朝的居庸关有水、陆两道关门，现仅存陆门关，水门关已毁，其遗址表明，水门跨于百米山沟之间，只是券门早已倒塌。据说当年水势大时，只有撑渡船才能过去。即使现在，水门遗址还有泉水流出，终年不断。要不怎么在这石头山中，独存一片"叠翠"景观呢？

居庸关的屯戍范围较广，《延庆卫志略》上说：居庸关东路自与黄花镇交界处的枣园砦起向西南，经门家谷、贤庄、德胜、虎峪等口至养马谷口，有边城26里，附墙台7座。居庸关北路从川茶花顶向西经石佛寺、青龙桥、八达岭、石峡到枣顶，有边城60.5里，附墙台14座，空心敌台 68 座。居庸关西路从枣顶往西，经横岭、石板冲等口到今怀来县镇边西的桂芝庵，边城 83 里，附墙台 12 座，空心敌台 102 座。这些长城都与关城相连。明朝在居庸关设龙庆卫，编制为 5600 人。

在明朝，居庸关最大的一次重修，是在明景泰元年（1450 年）"土木堡之变"以后。此时，出兵阻止瓦剌入侵的英宗朱祁镇兵败被俘，掳至北方，其弟朱启钰被立为新皇帝。爱国将领于谦奉命来镇守居庸关，同时修建沿边关隘。其成果，是在关南八里处设古长坡店，创城垣，即今延庆卫城。卫城周围 13 里，东跨巽山之上，西跨兑山之巅，南北两面筑于两山之中，东西两面依山建筑，高厚不等。这不仅重修了居庸关，而且加强了守备。

然而，关城是人造的，同样，也是人可以毁的。而且，与这人造的建筑相比，人心的向背更显重要，逐渐走向腐败的朱明王朝，到了明末崇祯年间，已达到不可收拾的地步。政治的黑暗，经济的凋敝，灾荒的频繁，使人民遭受了难以容忍的摧残，终于导致了大规模农民起义的爆发。崇祯十七年（1644 年）二月，李自成部队直逼北京，一个多月后就打到了北京城。明朝构筑的这座城堡相连的坚固防线，此时几乎变得不堪一击了。实际上，自汉朝以后，这座古关经了数次战乱，在大规模的战争中，能发挥的作用很有限。相反，"堡垒最容易从内部攻破"，这个经历真是对坚固城关的嘲讽。

当历史的硝烟已然淡去，作为燕京八景之一的"居庸叠翠"景观才真正有可能成为人们寻古探幽，充分享受大自然神功造化的极好去处。细说起来，居庸叠翠景观还不仅仅限于居庸关关城一带。正如明人所作《燕京八景图诗序》中所说："居庸关之中，延袤四十里，两山对峙，一水旁流，关中有峡曰弹琴，道旁有石曰仙枕，两崖峻绝，层峦叠翠，故曰居庸叠翠。"

关沟南起南口，北至八达岭。从南口入山后，初入谷时便觉涧随山转，道路出于涧之上，两侧山上偶见樵夫的足迹和鸟兽经过的留痕，可见其深险幽僻。沿着涧中的山路继续前行，七里之处就是东园，这里景物清旷，岩壑雄秀。再往前走就是南关，可见居庸关关城。关城建筑依山势起伏连绵，周围有桦木峰、九仙山、妙沟岭、烧锅峪和银洞崖等，回环成势，拱卫四周。再上行四里，为三桥子村，以一棵大银杏树出名，浓荫有一亩地那么大。再一里为四桥子村，多杏树，涧中巨石即"仙枕"，此处路径尤险。再过去就是二堡、三堡，三堡位于涧中三岔口处，涧东一脉斜出，分涧为二。循主岔北行，可直达八达岭。沿东岔北行，二里外即弹琴峡，因谷底水流入罅，上下隐现，湍急相击，濠濮间潺潺有金石声，声如弹琴，故名。此峡在修京张铁路时因破坏了地形而大受影响。弹琴峡之水来自石佛寺山谷中。那里林麓苍勐，多花岗岩裂隙，诸水汇而出涧，南折，下深。石佛寺谷口处，两山相对，横嶂如门，两山之上长城高悬，在谷口处斜向下垂，相对如钳。高城流水，溪光云影，倍增幽意。沿主岔上行四里为青龙桥，早年来八达岭在此下车，后步行前往。已无坠壑之感，因为已走出关沟了。

当地人说，关沟美景有七十二处，也有人说不止。而这七十二景具体何指？竟然也没有统一的说法。其中，比较著名的有五桂头、弹琴峡、白凤冢、仙人桥、点将台、拴马桩等。这些景观可分为三类：一类是天然的，依人们的生活经验，将自然界中的景观，按其外形，与生活中的某种物质相联系，因此生发出来的。如拴马桩；第二类是人工建筑，如云台、长城、关城等；第三类是将某一景物与某一名人或某一典故结合起来命名的。像仙人枕，又称穆桂英点将台，还有六郎卸甲屯、杨六郎洗脸盆、杨六郎磨刀石等。如果在春夏相交之际到关沟来，望着沟中的葱郁草木，盛开的百花，层峦的叠翠，登高远眺，面对宜人的景色，也会想象出一批新的景观呢。

自居庸关修建以来，这里流传了许多当年打仗的故事。辽代天祚年间（1101—1125），金兵入关经过这里时，山上的岩石突然崩塌，辽兵被砸死不少，金兵不战自胜。金朝定都北京以后，重整关门，冶铁固置，并且布设鹿角蒺藜百十里，派精兵强将把守关口。元太祖攻打居庸关时，有人向他献计说："从此而北，黑林中有间道，骑行可一人，终夕可到。"于是元太祖命令扎八儿轻骑前导，急速行军。为防止军士说话，让他们每人口中都含了木板，避免暴露。天黑时军队进入山谷，轻装前进，黎明时到达青龙桥。紧接着击鼓摧兵，疾奔南口，如从天降。金人遇到意外袭击，溃不成军。

在居庸关一带，流传最多的，还是有关杨家将的故事。虽然事实上杨令公只是在山西雁门关外与契丹转战，从未到过这里。不过，作为中原统治者与来自西北的少数民族激战的一处关卡，或者是宋军将这些传说带到这里，以鼓舞士气，或者只是当地人民借民族英雄的英名来提高居庸关的知名度，像位于古北口东边小山上的杨令公祠，就是辽宋和好后，为了表达这种关系，而由契丹人特意在此修建的，以向由此经过的宋朝使节表达友好之情。此祠建成后经多次修复，共有两重殿宇。前殿是杨令公和他的八个儿子的塑像，后殿是佘太君和八姐、九妹的立像。其中大多为传说人物。此外，在关沟内还留有杨五郎的石刻像，位于弹琴峡的山腰上。据说五郎兵败后在五台山削发为僧，其属下为纪念他而刻此像。还有像前面提到的仙枕石，又称穆桂英点将台，为独卧沟中的一块巨石，高约 3 米。石上有大小圆洞共 28 个，传说为穆桂英在此扎营时留下的痕迹。

这些传说既丰富了居庸关的历史，同时又是宝贵的旅游资源。遗憾的是，当年太行山、军都山上植物茂密、清溪流淌的自然美景，都因驻守和修建长城的人们所毁灭了。历史上的森林覆盖之地，遮天蔽日的黑松林永远也看不到了。好在前人曾对居庸叠翠的美丽景观及周围的自然风光留下了数不清的诗词作品，这才使得后人从这些字里行间去欣赏当年的美景了。

清代思想家、爱国诗人魏源，在鸦片战争时期曾两次游居庸关。此时正是内忧外患日益严重，中国进入半殖民地社会的深渊之际。诗人面对多灾多难的祖国，咏物抒怀，寄托情思。道光三年（1823 年），魏源应聘前往驻守在古北口的直隶总督杨芳的家中当教师。他在教书之余开始研究防务，写下了《居庸关五绝》（三首）。"一登八达岭，回视如窥井。何意塞门关，天成云外境。"以后又过去了 21 年，魏源第二次写居庸关诗，即为七绝三首：

十年飔奇把一程，连云虎跨是关城。

雄山尚作窥边势，古涧难平出塞声。

橐驼何部贡黄羊，平世浑忘古战场。

青草绿如秦塞界，桃花红过汉封疆。

读史筹边二十年，撑胸影子是山川。

梦回汉使旄头外，心在秦时明月先。

显然，这已不是单纯的山水诗，而是流露出作者对祖国可能遭受帝国主义侵吞的担心。

北京动物园话旧

胡瑞峰

　　北京动物园是全国闻名的园林之一，位于北京西直门外 1 公里处，占地约 50 公顷。在池渠林木之间，修建了各种动物专用馆，饲养动物有 500 多种，总计 5000 多只，不仅搜集了国产各种动物，还收集了世界各大洲具有代表性的珍禽奇兽。北京动物园由一个普通官家园林，几经兴衰，而成为目前这样一个规模宏大的园林，它的经历和我国近代史有着密切的关联。

　　北京动物园的旧址是官家园林乐善园，坐落在西直门外高梁桥，傍北京去御园（圆明园）的长河边。当年乾隆皇帝题乐善园诗，其中有"乐善始康邸""胜国为皇庄，鼎革属故藩"等句，可知乐善园原是明代的皇庄，清代成为康亲王的园亭，自此名为乐善园。清朝初期因佐命殊勋而获得世袭罔替荣誉的有八大铁帽子王。其中之一为清太祖（努尔哈赤）第二子代善封礼亲王（其府在今西皇城根和东斜街相会处，现在府尚完整，为市重点文物保护单位）。袭爵至其孙杰书时，改号曰康，称康亲王，他死于康熙三十六年。等到乾隆时期，乐善园已是"亭榭早无存，半立余颓墙"了。经过乾隆的重加修葺，又恢复了园亭旧观，并在园东靠长河沿边，修建了一座倚虹堂，据《光绪顺天府志》载云："倚虹堂·乾隆十六年圣母皇太后六旬万寿，自长河至高梁桥，易辇进宫，因建是堂。高宗（乾隆）临幸御园，每于此传膳视事。"可见乐善园在乾隆时是御用园林。

在乐善园西部另有一座花园，俗名三贝子花园。这个三贝子是谁其说不一。据《道咸以来朝野杂记》载云：西直门外农事试验场即三贝子花园，当年亦宝文庄之别业，名曰"可园"。三贝子即指宝文庄即宝兴。另有传说清代异姓郡王衔忠锐佳勇贝子富察氏富康安，他是乾隆时勋臣傅恒的三儿子，因称三贝子。园的正名叫"环溪别墅"。其后又归内务府郎中文麟所有，改名曰"继园"。后文麟因事被查抄。遂归公，和乐善园同由内务府奉宸院所管。

光绪末年，清王朝被迫施行所谓"新政"，曾派商部尚书载振去日本考察工商业。载振是庆亲王奕劻的儿子，人称振贝子，他于光绪二十八年（1902年）曾任贺英皇加冕典礼专使，并到法、比、美、日等国进行访问，深得慈禧太后喜欢，因此再次奉命去日本考察工商业。回国仿照日本发展农业经验，奏请设置试验场，划乐善园和继园为场址，拨银60万两为筹建经费，用两年时间，全部完工。后来动物园里的主要建筑，都是这时遗留下来的。建场之初，慈禧就看中了这所园林，历次谕告管理部臣，要注意风景，因此场内建筑多带园林形式。就在这个时候，出洋考察的五大臣之一端方，从欧洲买回虎、豹、狮、象等多种动物，原饲养在继园前的广善寺内，农场建成后移于场大门的东部以矮墙相隔，周围以水，作为动物园，当时园内有动物100多种，于是有万牲园之名。

荟芳轩在正门北部，为农产标本室，陈列谷、菽、棉、麻、蚕丝、林木、药材、羊毛等类标本 1200 多种。轩前有芍药圃，旁有"辛亥四烈士墓"。辛亥革命时期反清志士彭家珍、杨禹昌、黄芝盟、张先培四人牺牲后遗骨埋在这里（十年浩劫中烈士墓已被夷为平地）。再西左侧为华北观象台和动物标本室，右侧为"陆谟克堂"，是生物学研究室所在地。该堂系用法国庚子赔款建成，因此取法国已故著名生物学家陆谟克而命名。往前去就是植物园，其中分为果树园和试验园，占地面积很广，有池塘沟渠相通，林木亦颇茂密，游人多垂钓于此。园旁有豳风堂是为慈禧和光绪"观稼"的地方。堂前有文冠树数株，是场内较珍贵的树木。堂西有牡丹亭，植有各种牡丹。在豳风堂的东南方，隔着一条小河有一片日本式的房子，全用木料按日本房样修的，其格式很像日本的茶室。据说当年庆亲王奕劻、荣禄、袁世凯、李莲英等在慈禧周围一批得宠人物，以奕劻的大儿子载振为中心，常在这里进行会晤密谈，作政治交易。由豳风堂再向西去，出现一座场内最高的西式建筑——畅观楼，这是为慈禧修建的寝宫。楼内有慈禧住过的御榻。光绪三十四年（1908 年），她曾在这里住过。1934 年春，我初到北京时曾到这里游览过，那时不叫农事试验场，而叫"天然博物馆"。畅观楼对外开放，楼上楼下任人游览，室内布置仍保持当年原样，那时最吸引人的是楼下大厅里摆的那两面大哈哈镜，一面照人细长，一面照人矮胖，尤其孩子们对着镜子照个不停。登楼最高处，西可以远眺西山，东可以俯瞰全园，确有"畅观"之感。

在畅观楼南，有一座环境幽雅的鬯（音畅）春堂，是一所颇有历史意义的地方。辛亥革命后南京临时政府于 1912 年迁来北京，当时任农林总长的国民党元老宋教仁，就住在这里。宋教仁领导辛亥革命，大力主张制定民主宪法，成立责任内阁，反对袁世凯的专权，招致袁的忌恨。1913 年 3 月国会召开前夕，宋氏由上海北来时，被袁世凯派人刺杀于沪宁车站，不久逝世。为了纪念这位伟人，就在邺春堂的后面建立了"宋教仁纪念塔"。塔身为艾叶青石，高约 2 米，刻有"宋教仁纪念塔"六个大字。"文化大革命"中，塔被捣毁，目前只剩两层塔座了。

1934 年 11 月，南京政府行政院令改"天然博物馆"为"北平市农事试验场"，归北平市所管辖。当时尽管园的大门上挂着"天然博物馆"或"农事试验场"的牌子，但北京人提起来还是叫它"三贝子花园"或"万牲园"。《鲁迅日记》1912 年 5 月 19 日记云"与恂士季市游万牲园"，实际那时园子的正式名称为"中央农事试验场"。值得一提的是 20 世纪 30 年代前后，园门口曾有两个看门的巨人，身高都在 2.3 米以上。后来其中一巨人被美国用每月 1000 元美元的代价，雇往美国。我看到时只剩一个巨人了。他站在门口左方，面向游人，走近他的身边，确实像接近一座黑塔，不少人专门为看巨人而去"三贝子花园"，实际他已变成一个活的广告牌了。

首都南迁后，北平市人口减少，商业萧条，人民生活日趋困苦，农事试验场收入锐减，经费支绌，加上管理不善，不少动物死亡。园内建筑，年久失修，亦多破旧。太平洋战争爆发后，盘踞在北平的日伪当局，以防空为名，把园内仅有的狮、虎、豹等猛兽全部毒死，牛羊、各种禽类以及各种鱼类也多被人窃盗，动物园已是名存实亡了。抗战胜利后，国民党当局于 1947 年重新开放动物园，恢复游览，但可览的动物太少了，只有一只鸵鸟、一只孔雀、几只鹦鹉和六只骨瘦如柴的猴子。

新中国成立后，政府对这所园林进行了大规模的改造和扩建，把园中有关植物部分移至香山附近另辟为植物园，这里专饲养观赏动物，初名西郊公园，1955 年定名为北京动物园。

漫话东北义园

陈　芳

东北义园地处北京海淀西苑，东邻圆明园，西眺颐和园，南与古老的海淀镇遥遥相对，是民国以来北京的知名公墓。

义园始建于20世纪30年代初，专为埋葬客死他乡的东北籍人士，张学良将军曾亲任管理委员会主任。"七七事变"后，华北沦陷，川岛芳子曾在此办"满州学会"。抗战胜利后，义园恢复原名，由万福麟主持。北京解放后，由阎宝航担任管委会主任委员。1961年被北京市民政局接管，改名为西苑公墓。"文革"中遭到严重破坏，几易其属其名。1992年6月，由市民政局殡葬管理处接管，更名"西静园"至今。

由　来

据东北义园老农艺师刘富先讲，早年东北曾有一笔公款存在哈尔滨美国花旗银行，"九一八事变"后电汇到北平，张学良将军主持成立了东北难民救济院，院址在东四十条铁狮子胡同路北一座大宅院里，救济院管委会当时有 300 多位委员，他们拍板决定既然不能拯救同胞于水火，那就先"救"死的，让客死他乡的东北籍人士有葬身之处，遂成立东北坟地，用这笔汇款中剩下的 30 余万元在北平和天津各办一处墓地，不过两处之间并无联系。

北平东北义园设有管委会，主任委员由张学良将军亲自担任，经理由和少帅关系密切的北宁铁路局长高纪义担任，下边设主任、事务员、工程员、会计员、农务员，办公地点就设在达园内。

选　址

东北义园由海淀西苑东、苑西公墓（俗称东院、西院）和安定门外洼边村三片土地组成。

东院在清康熙年间曾是索额图将军的赐园，人称"索家花园"，至雍正年间，该园归大学士张廷玉所有，张喜其地佳树清荫，水流淙淙，澄心骋怀，遂取名"澄怀园"。咸丰十年（1860 年）和光绪二十六年（1900 年），这里先后遭受英法和八国联军焚掠，沦为废园，属清内务府名下。1933 年东北难民救济院购园时，此地已为邵英花园，外面界碑上书"怀德堂"三个大字，当时有土地 120 多亩。

西院在达园内，达园是清朝九门提督王怀庆的花园，有 200 多亩土地，北墙西边是圆明园正宫门遗址，南有东扇子河，西傍一亩园。刻有"东北义园"四个大字的石碑就在达园正门里。这四个字是从泰山岱庙一部金刚经石刻上拓下来，新中国成立后由东北中学校长王化一主持修刻。

义园建设和墓制格局

1933 年开始建义园东院墓区，先人工填平原花园内的河池，拆除假山、亭子，用压路机铺白灰胶路，特别是砌虎皮石混碎砖围墙，距今60余年，依旧磐石如坚，围墙外绕院一周还有一条环河。

东院分忠、孝两区，忠区是收费区，孝区是免费区（只收地皮费）。每穴六尺宽、一丈长，为自己预留的则是五尺宽、九尺五寸，各墓之间留一尺距离。一个墓最多占四穴地，合葬最多占八穴地，而且只有收费区才能合葬。

与万安公墓有所不同的是，作为战争年代的产物，东北义园在墓穴排组上别有特色，按队列名称，分一列、二列、三列……每列44座墓，忠区有51列，孝区有40列。

墓穴由义园施工，式样大致是这样的：圹内砌单砖墙，一方青砖上用朱砂字镌刻墓主姓名，埋在棺木前，墓前再立一小石碑。

公墓备有详细的章程、蓝图，为防日后公产遗失，还制有图版以备案。

纳税区造墓由墓主出钱，义园施工，工程员专项负责，并提取利润的10%，作为维修费用。免费区则免征地皮费，只收工程费。据刘富先回忆，免费区的标准是，墓主无钱到无房地产、无买卖，领取墓证时必须有两个同乡担保。有钱者则必须入收费区。

西院则分节、义两区，东西向坐落，大门坐西朝东，正中有一圆形甬路上立有一块无字龟石驮碑。节区是收费区，义区为免费区，有24亩地。这里有一片柏树纪念林，是开园时管委会委员们栽种的，不到30棵，其中路南第一棵就是张学良将军亲手种下的，至解放初期已有碗口粗，可惜于1962年被当地农民毁掉。1993年，北京京剧院表演艺术家李维康赴台访问，曾拜会张学良将军，张老还向她追述了当年创办海淀东北义园的往事。

名人墓地

东北流亡学生烈士墓

1948 年 7 月 5 日，数千名东北流亡学生举行示威游行，抗议北平市参议会通过的停发东北学生公费和集中军事训练的议案，遭国民党军警镇压，九人被打死，百余人受伤。后来吴兆泰、韩德林、孙德馨、杨云龙、徐国昌、卜鸿勋、李福维 7 位死难烈士被华北学联出面葬在东北义园。

张作相墓

位于忠区，列 21 号，1955 年葬。张作相为张学良叔辈，号称东北军辅帅，辽宁锦州人。1949 年农历三月二十二日因脑出血卒于天津。其墓在园中算是较大的，设有铁栏杆，双扇墓门，墓碑高四米，有长方形供桌。现仅剩墓表，碑石无存。

刘海泉墓

刘海泉（1868—1945），1919 年任黑龙江省财政厅厅长，1930 年任国民党内务部部长，1945 年卒于美国。1948 年 1 月 14 日迁葬于此。棺木由飞机运来，铁、木、铜三层套棺，下葬时不少人抬棺，仪式颇为隆重。刘墓位于西院东门内侧，"文革"中被盗。

邓之诚墓

位于忠字区 41 号，1960 年 1 月入葬。邓先生是著名的历史学家。

郭松龄墓

在东院忠区 31 列，东北人都称他是"郭鬼子反奉"。

西院还有溥仪的一位叔叔、张学思母亲、万福麟夫人的墓。

在东北义园的东北角，有三棵粗壮高大的白杨树，如铁塔矗立，树龄距今已 300 余年。前来祭祖扫墓人士将此作为风水象征，树下多挂有

"有求必应"字样的布条。东北光复前，每至"九一八"国耻纪念日，许多东北同胞都来这里跪拜焚香，遥望故土，竟至捶胸顿足，声泪俱下，情景甚为感人，成为义园约定俗成的一道风景。

岁月沧桑

据刘富先回忆，建园之初，高纪义担任管委会委员兼义园经理。日伪时期，川岛芳子强占北京西单奉天会馆，改名"满洲同乡会"，并接收了东北义园，管委会主任姓秦，是日本军校毕业生，高经理继续留任。抗战胜利后，委员会改组，万福麟担任主任，委员有马占山等几十人。中华人民共和国成立后，委员会再次改组，由阎宝航担任主任委员，东北同乡会会长王化一任义园经理，每年清明节都开会议事。

西院西扇子河边有90亩地出租，一直到1958年成立人民公社。这在当时是很特殊的，附近农民很为不满。收获粮食后，向政府交纳"统一累进农业税"，地租和桃子收入是义园经费的主要来源。义园的水泵由空军提供。1959年管委会在王府井萃华楼开会，阎宝航把刘亚楼请去，刘指示空军要支持义园的灌溉工作。

1958年12月，西扇子河和旁边土地交海淀公社，达园交中直机关，义园只剩东院、西院两处基地。

1961年3月初，东北义园由北京市民政局接管，这是吴晗副市长拍板决定的。这之前，市民政局于1960年10月12日专向市人民委员会递交《关于接管东北义园和万安公墓的请示》，指出：

"东北义园是1935年，经东北旅京人士张学良等倡议，由东北难民救济委员会拨款购地筹建的，用途是埋葬在京死亡的东北人。新中国成立，设有东北义园管理委员会，下设常委五人：阎宝航，全国政协委员；王化一，内务部参事；杜超杰，外交部基建办公室主任；王之相，九三学社秘书长；窦箴青，无业。阎宝航任主任委员，并由阎宝航、王化一、杜超杰三人组成管理小组，负责领导和管理东北义园的工作。另有工作人员九人，负责办理日常的具体工作。东北义园现有土地150亩，已埋坟2740座，还可埋葬2400座。其中分自费区和免费区两部分，自费区东北籍死亡人埋葬每穴收费26元，非东北籍的每穴收费130元。免费区专供无力缴纳穴费的东北籍死亡者埋葬。义园收入绝大部分是果木生产，少部分是墓穴、大车收入和银行存款利息等，除去开支，尚有结余。

……

"我们意见，东北义园是一个封建地域性的福利事业，在墓穴的管理及收费的规定上都存在着不合理的现象……为了统一经营管理全市公墓，便于对上述两个公墓进行整顿和社会主义改造，拟由我局将东北义园及万安公墓加以接管，接管后，对于这两个公墓的财产暂时不动，工作人员作适当调整。"

当时市民政局与义园管委会曾几次接洽，特别是和阎宝航等协商接管问题，最后管委会表示遵照政府指示，将义园移交给政府，并公推王化一、杜超杰两位委员负责办理移交手续。市民政局根据领导指示，决定：一、建立东北义园接管小组，在市局直接领导下开展日常工作，由殡葬管理所给以技术、人力和物质上的支持。二、接管后东北义园改名为"西苑公墓"。三、1961年3月23日由阎宝航和市民政局副局长王旭东共同宣布接管。

东北义园接管以后，由西北旺果树队（回民公墓，后改为西北旺农场）管理，"文革"前后将"西苑公墓"改名为"西苑福利园艺场"。公墓停埋，甚至有砸碑毁墓的过火行为。打倒"四人帮"后，义园才得以恢复。

北京图书馆的沧桑巨变

金 人

一

受欧风东渐的影响，戊戌变法前，一些有识之士倡言仿效外国，建立公共图书机构，如光绪二十一年（1895 年）康有为在《上清帝请大开便殿，广陈图书书》中，奏请搜罗图书，培育人才。次年，梁启超撰《论学会》，论及"今欲振中国，在广人才，欲广人才，在兴学会"。学部参事罗振玉上《京师创设图书馆私议》条陈，指出："保固有之国粹，而进以世界之知识，一举而二善备者，莫若设图书馆……鄙意此事亟应由学部倡率，先规划京师之图书馆，而推之各省会。"并提出五条具体办法。他们的这类主张得到枢要重臣张之洞、封疆大吏刘坤一的赞同。二人曾三次联名上疏，倡议进行改革，将西方科学引进中国，大力改进中国教育、行政和军事体制，通称"江楚会奏三折"。光绪三十一年（1905 年），清政府兴学校，废科举，湖南建立了全国第一个图书馆。

光绪三十三年（1907年），张之洞调任军机大臣，以体仁阁大学士兼掌学部，次年为筹建京师图书馆购湖州姚觐元"咫进斋"和扬州徐乃昌"积学斋"私人藏书入京，常熟瞿氏铁琴铜剑楼雇人把若干种书抄成副本，原本供于京师。宣统元年（1909年），学部上《筹建京师图书馆折》，9月9日被奏准兴建京师图书馆，任命缪荃孙为监督，徐坊为副监督，杨熊祥为提调，设馆于什刹海广化寺，次年京师图书馆成立，是为北京图书馆之前身。

二

广化寺为元代名刹，现为北京佛教协会所在地。寺前原有守门双石狮和红色大照壁，寺址宏大，原有明崇祯七年（1634年）御赐司礼监太监曹化淳草书诗碑，今已不见。清末，恭亲王奕䜣是此寺的大施主，每天下朝后常来寺中休憩。20世纪40年代，奕䜣之孙、有"南张北溥"之誉的名画家溥心畬与广化寺结缘，常来寺中消夏，寺内僧人多得其翰书墨宝。1932年9月3日，有"狗肉将军"之称的军阀张宗昌在济南火车站被仇人之子郑继成等刺杀身死，死后灵柩运至北京，移灵广化寺，一度大办吊唁、出殡仪式，成为轰动一时的社会新闻。

京师图书馆初建时，所藏图书取自国子监南学和内阁大库，包括明代皇家图书馆文渊阁藏书和南宋辑熙殿珍本，还采进敦煌石室所藏唐人写经本八千卷以及一些著名私家藏书，总计不到10万册。拟请调拨《四库全书》《永乐大典》等典籍均未办移交手续。

1911年，辛亥革命爆发，京师图书馆筹建工作暂停。

1912年，中华民国成立后，蔡元培任教育总长。5月，教育部任命江瀚为京师图书馆馆长，馆址仍为广化寺。8月27日，京师图书馆正式开馆，开始接待读者。

1913 年江瀚离职，由教育部社会教育司司长夏曾佑兼任馆长。

鲁迅供职教育部期间，曾为京师图书馆付出很大精力。早在 1912 年 2 月，鲁迅应绍兴同乡、时任中华民国临时政府教育总长蔡元培之邀，赴南京教育部任职。4 月，临时政府北迁，鲁迅和大小官员离宁随部北上，继续在北洋政府教育部任职，在社会教育司第一科任科长兼教育部佥事，负责管辖包括博物馆、图书馆、美术馆、动植物园以及文艺、音乐、演剧等事项。开馆之初，为充实馆藏，鲁迅在 1912 年秋季以教育部名义咨调各省官书局所刻书籍入藏京师图书馆。1913 年，将一部铜活字版大型类书《古今图书集成》拨予京师图书馆。1916 年 4 月，通过政事堂取得内政部同意，明文规定，凡经内务部立案的出版物均需分送京师图书馆一份庋藏，标志着京师图书馆开始履行国家图书馆的重要职能。同年，鲁迅又为京师图书馆征取各省区最新修刊的志书，征求各种著名碑碣石刻拓本。《永乐大典》（残本）和文津阁《四库全书》也是经鲁迅据理力争，于 1915 年移藏京师图书馆的。

在《鲁迅日记》中，有多次将中外书刊捐赠京师图书馆的记载，还有他为京师图书馆及其分馆择定馆址和拟定年度预算、改组方案的记述，如 1912 年 12 月 19 日："大雪终日。午后同夏司长赴图书馆，途中冷甚。"1913 年 10 月 29 日："在部，终日造三年度预算及议改组京师图书馆事"，以致累得"头脑涔涔然"，可见鲁迅先生为搜求与保护中华文化典籍的一片苦心。

1913 年 6 月，因广化寺地处偏僻，低洼潮湿，不利于储书，来馆读者寥寥，经教育部批准，在另觅新馆址的同时，设分馆于宣武门外前青厂，1914 年分馆迁至前青厂西口永光寺街。10 月，京师图书馆停止阅览，暂时由广化寺移至国子监，总馆停止阅览期间，由分馆承担对外开放业务。1915年，确定以安定门内方家胡同国子监南学旧址为京师图书馆。1917年1月26日，京师图书馆在方家胡同重新开放，鲁迅与教育部部分同人出席了开馆活动并留影纪念。在1912年7月制定的《京师图书馆暂订阅览章程》18条的基础上，陆续修订，1917年开馆前又制定出《京师图书馆暂行图书阅览规则》19条，其中第四条规定："妇女阅书者，至妇女阅览室阅览。"当时男女分室就座阅览，可谓新颖而别致。此时的京师图书馆已初具近代图书馆的规模。

<h2 style="text-align:center">三</h2>

1918—1928年，北洋军阀统治时期，政治腐败，战乱频仍，民不聊生。京师图书馆更是经费短绌，难以为继，十年间更换了14位馆长，其间经历了由中华文化教育基金董事会（1924年成立的保管和处置美国第二次退还庚子赔款机构）与教育部合办、分办而又合办的曲折过程。

1928年，国民党政府定都南京，另设国立图书馆于南京，京师图书馆改称国立北平图书馆，馆址由方家胡同迁往中南海居仁堂，1929年1月对外开放，马叙伦一度任馆长。

居仁堂在皇家禁苑中海西岸。光绪十二年（1886年），慈禧"撤帘归政"前夕，乘机修葺西苑三海，大兴土木，新建仪鸾殿，作为她颐养天年的寝宫。1901年夏，八国联军进占北京，慈禧携光绪等皇族大臣仓皇外逃，仪鸾殿成了联军统帅瓦德西的住所，他挟名妓赛金花在仪鸾殿居处半年之久。不久之后，深夜火起，仪鸾殿及福昌殿和东西配殿化为灰烬。光绪二十八年（1902年），签订丧权辱国的《辛丑条约》后，回到北京的慈禧不惜斥巨资500万两，在原址废墟上重建一组两层洋楼的建筑群，为讨好洋人，取名海宴堂，作为接见、宴享外国女宾之地。辛亥革命后，海宴堂更名居仁堂。1915 年 12 月 13 日，袁世凯在居仁堂登极称帝，做了 83 天皇帝梦，于 1916 年 6 月 6 日在居仁堂一命归西。延至 1928 年，历经太多政治风云变幻的居仁堂改作国立图书馆，终于能为文化事业服务了。

当时，除国立北平图书馆外，还有一所由中华文化教育基金会 1926 年创办的北京图书馆，地点在北海，租借庆霄楼、悦心殿、静憩轩、善安殿等处，馆长由京师图书馆馆长梁启超兼任，李四光为副馆长。1929 年 8 月，国立北平图书馆与北海的北京图书馆合并，仍名国立北平图书馆。馆长蔡元培，直至 1940 年蔡去世后，由副馆长袁同礼接任。当时开始编纂全国书刊联合目录，进一步履行国家图书馆的职能。

四

1931 年，北海西侧文津街新馆告竣，并加入世界图书馆学会。早在 1925 年，由教育部与中华文化教育基金会协议，筹建新馆。经过 1926 年选定馆址，提出设计方案，征募设计图案，1927 年选定美国人莫律兰绘制的图案并聘请他为新馆的建筑师，1928 年拆迁。

1929 年 5 月 11 日开工奠基。从圆明园遗址移来一些文物；主楼前一对华表，与天安门的两对华表极为相似；还有一对小石象、一对铜仙鹤和一个大型蟠龙石刻台阶；圭形昆仑石一块，上刻乾隆御制诗；大门内左右各一通石碑，一为乾隆御制《教谕骑射碑》，一个文渊阁前的树碑，均为满汉文合璧；大门外一对石狮原为长春园东大门旧物。馆前街道无名，因馆内藏有文津阁《四库全书》而得名文津街。

新馆于 1931 年 7 月 1 日正式开馆，文津阁《四库全书》全部迁入新馆庋藏。迁入新馆后，废除了以前实行的购票入馆的办法。新楼内的阅览室有 200 多个座位，环境幽静，花木扶疏，是当时国内乃至远东规模最大、最先进的图书馆。

五

1937年卢沟桥事变以后，馆长袁同礼与十余名职员秘密南下参加抗日。与日方交涉由中华文化教育基金董事会、燕京大学校务长司徒雷登出面。1942年太平洋战争爆发后，司徒雷登被日军逮捕，日伪政府的教育总署接管了新馆，易名为国立北京图书馆，一度由附逆下水的周作人任馆长。八年沦陷期间物价飞涨，经费匮乏，职工生活艰难，图书工作陷于半停顿状态。南下的袁同礼及其随行职员们历尽艰辛，坚持在大后方派出机构的工作，先后在长沙、香港、昆明、重庆设立了北图办事处和中日战事史料征辑会，艰苦备尝，工作卓有成效。

1945年10月，国民党政府教育部派沈兼士接管北图，原馆长袁同礼也于11月赶回北京，主持馆务工作。

国民党政府日趋腐败，物价飞腾，民不堪命，北图陷入前所未有的困境，日趋萎缩，惨淡经营，藏书仅140万册，维持而已。

六

新中国成立，北图迎来了新生。1950年3月6日更名为国立北京图书馆。1951年6月12日更名为北京图书馆。北京松坡图书馆的藏书也并入北京图书馆。蔡锷（1882—1916），原名艮寅，字松坡，湖南邵阳人，1915年袁世凯称帝后在云南发兵讨袁护国，病逝日本。国人为纪念这位爱国将领，弘扬他一贯倡导的读书明理思想，由其恩师梁启超发起，先后在北京和他的家乡邵阳倡办了两所"松坡图书馆"。1923年，在北京先后创办两所松坡图书馆，第一分馆在北海公园内的快雪堂，因三希堂藏有王羲之《快雪时晴帖》而得名，专藏中文图书；第二分馆在西单石虎胡同 7 号绵德府东侧院，专藏外文书籍。梁启超的高足、新月派诗人徐志摩曾一度在此供职。徐飞机失事后，其父把徐志摩在北京的藏书全部捐献给松坡图书馆。1949 年，北京解放后，经管理馆务的常务干事叶景莘向朱德总司令建议，报高等教育委员会批准，松坡图书馆并入北京图书馆。

随着祖国建设的日新月异，社会公众文化需求日益增长，文津街的北京图书馆几经扩建仍不敷使用，1975 年 3 月经周恩来总理提议并批准，1983 年 11 月 18 日在海淀区白石桥路兴修新馆，其地原为元大护国仁王寺旧址。1987 年 10 月 6 日建成开馆，邓小平为新馆题写了馆名。

新馆占地 7.24 公顷，建筑面积 14 万平方米。连同文津馆分馆，共 17 万平方米。新馆为通廊连接的 13 幢民族风格建筑，双塔型藏书主楼 22 层，地上书库 19 层，地下书库 3 层，高达 6.1 米。两翼由 2~6 层楼房组成，外墙为乳白色面砖，中间饰以蓝琉璃瓦，庄重典雅，气势不凡。馆藏极为宏富，古今中外，册府恢宏，品类齐全，高达 2000 万册（件），居世界第五，藏书及馆舍面积为亚洲第一。1998 年 1 月 12 日，经国务院批准，北京图书馆更名为国家图书馆。1999 年 4 月 16 日，江泽民为国家图书馆题名。

从毛泽东的第 1 号借书证，到周恩来对新馆建设的批复，从邓小平亲笔题写新馆馆名，到江泽民亲临国家图书馆视察、题写馆名，充分反映了北京图书馆新中国成立直至今天非凡的发展历程，称得上"苟日新，日日新"。人们常说，一个国家的图书馆可以体现出这个国家的兴衰和文化、文明程度，北京图书馆近百年的沧桑巨变，生动地说明了这一点。

北京的四合院

胡瑞峰

提起四合院，可以使人联想到北京城，四合院确实是老北京美丽风采的一部分。在那安静幽雅的胡同里，一排灰墙中，绿树掩映，雕砖起脊的门洞，却是朱门常关，致使许多初到北京的人，感到无比幽静新颖；至于"老北京"对它则更寄予深厚的情趣。

四合院的形成

北京的四合院，是随着帝都的兴建而逐渐形成的。元代的大都城，是现在北京城的前身。大都城内的布局，是经过周密规划而制定的。全城共有南北干道和东西干道各九条，在纵横交织的干道之间，又以东西向并排的胡同为主。胡同与胡同之间都有一定的距离。这样的划分使全城成为棋盘状，规划整齐，井然有序。大都城建成之后，元政府决定从旧城（金中都）迁徙部分居民充实新城，并规定"旧城居民之迁京者，以资高（富户）及居职（官吏）者为先，乃定制以地八亩为一分，其或地过八亩及力不能作室者，皆不得冒据，听民作室"。根据八亩为一分的划分方法，按当时胡同与胡同之间距，则每一分的院落，大体呈一长方形。元代居民住宅的布置和结构，从新中国成立后发现的后英房元代遗址来看，当时的主房是坐北朝南、并有东西旁房，院落很大，这种布置是适应北京的气候环境的。北京冬季气候寒冷，坐北朝南，既可防御北风，又可多得日照。元代这种长方形坐北朝南的院落，奠定了后来四合院的雏形。明成祖定都北京以后，在营建宫城和皇城的同时，大批的王府和府邸也相继建成，亲王、勋戚、宦官、官僚都有了宅院。由于连年战事，城内人烟稀少、市井萧条，为了充实京城便从江南和山西等地，移来大批巨商富户，他们也修建了大批宅院。明王朝是一个极端专制的中央集权制的政权，代表这个政权的就是皇帝，皇帝以下王公大臣，官吏庶民，等级分明。这种情况反映到建筑上，除皇宫的紫禁城外，北京城内的住宅，都要遵从严格的等级制度。据《明史》记载："一品二品厅堂五间九架，三品至五品厅堂五间七架，六品至九品厅堂三间七架。不许在宅前后左右多占地构亭馆，开池塘"，"居民庐舍不过三间五架，不许用斗拱，饰彩色"。在北京城内皇帝一家住的紫禁城是全城的中心；在居民住宅内则是以家长居住的北房为全院的中心，配以子女住的东西厢房，逐渐形成四合院这种基本型式。它的特点是：内外有别，尊卑有序，讲究对称，与外隔绝，自有天地。《旧都文物略》有这样的记载："内城房式异于外城，外城式近南方，庭宇湫隘，内城则院落宽阔，屋宇高宏，门或三间或一间，巍峨华焕。二门以内必有听事，听事后必有三门，始至上房。听事上房之巨者，至如殿宇，上房东西必有套房名曰耳房。左右东西厢必三间，亦有耳房，名曰盝（音黎）顶。或有从二门以内即回廊相接，直至上房。其式全仿府邸为之。内城诸宅，均明代勋戚之旧，清朝世家大族，又互相仿效，所以屋宇日华。"

从这段记载可以看出北京四合院的形成，始于明代的贵族，清代加以发展，遂成为四合院的完整格式。

标准的四合院

北京人说四合院，只是一个泛称，细分起来，有大四合院、小四合院、假四合院、三合院等。以坐北朝南的上房为主，面对间数和北房相等的南房，配以相对称的东西厢房，庭院不大，院东南角有黑漆的如意大门，这就是北京的小四合院。如果建地面积稍窄，正房和南房之外，院内只够建一侧厢房，为凑成四合院的格局，另一侧也盖有门窗的房。但房的进深很浅，不宜住人，仅作杂用。从外表上看也成四合院，这叫假四合。如只有北房和东西厢房，小门楼修正院南墙的东南角上，这就是三合院。假四合院和三合院，就北京人来说，都是不够格局的。最典型的也最能代表北京四合院风趣的是大四合院。

这种标准型的大四合院，一般都是坐落在东西向胡同的路北（也有小部分在路南）。临街五间南房，靠门洞一间是门房，它的门开在门洞里，门洞建在高台阶上，位于全院的东南角。据说这是有讲究的。按八卦的方位，西北为乾，东南为坤，乾坤都是最吉利的方位，取其吉祥顺利，便把大门设在院的乾位或坤位，即院在路北，大门就设在东南角，院在路南，大门就设在西北角。被认为凶方的西南角，便成了杂屋或厕所的所在。

大门多为广亮大门，石鼓门枕。门口是砖雕墙面，进大门迎面是依扶厢房山墙的影壁。影壁表面用清水砌水磨砖，加以线角、雕花、图案、福禧字等装饰，影壁前或有石台，摆着两盆大夹竹桃，显得格外幽雅。折西为绿油漆红斗方的四扇屏门。进入屏门就是外院。外院呈长条形，以门洞西的三间南房为主，中间开门，多为一明两暗，作为客厅或书房。在南房最西一间的窗外，也有四扇绿油漆红斗方的屏门和东西的屏门相对称。屏门里另成一个见方小院，小院西南角即南房西山墙外，留有空地，多为厕所所在地。外院和里院以中门院墙相隔，一般客人只能到外院客厅，里院则非请莫入。中门设在全院的中轴线上，常为垂花门，垂花门檐柱不落地，悬在中柱穿枋上，下端刻有花瓣连珠等富丽木雕，顶部常用勾连搭式或两卷棚相连，形体华美，是全院最醒目的地方。垂花门左右为磨砖清水墙，进垂花门又是四扇屏门挡住视线，使人看不到院内的活动。这个屏门平时不开，逢年过节或吉庆喜日才开此门。垂花门左右有包绕庭院至北房的走廊，即所谓"抄手廊"，廊深一二步，明柱外露。里院的北房为正房、中间三间，结构高大，多为七架。左右各有耳房一间，有门与正房相通，即所谓"三间二耳"，是长辈居住的地方。东西有对称的厢房各三间，结构略低于正房，是晚辈居住的地方。在东西厢房的北端，和正房东西山墙相对处，又各有短墙相隔，墙中开月亮门，有的也加屏门，东西对称。月亮门里又各自成为一个方形小院，耳房的南窗正对着这个幽静的小院。有的在正房以北另辟长方院子，布置厨房、贮藏，以及仆役住房等，称为后罩房。

整个院落由房屋院墙包绕，对外封闭，面向内院，庭院面积较大，铺有方砖引路。阶前路旁排列着大盆的石榴树、夹竹桃和养有金鱼的大鱼缸，青砖灰瓦掩映于红柱绿窗之间，形成一种安静闲适的环境。这就是北京标准的大四合院。更大的住宅可再向纵深发展，形成四进或五进院。不过北京胡同的南北相距，只能容纳四五进，再要扩展，就得向横的方向发展，增加平行的几组纵轴。每个纵轴自成一个小四合院，称为"跨院"，跨院对外无门，在正院厢房处有门相通，仍保持独门独院的传统风格。有的在跨院之外，另辟地营建花园，布置山池，那就属于宅第之类了。

老北京的住房，从宫廷、王府到一般住宅，屋内都是用纸裱糊的。《燕京杂记》载云："京师房舍墙壁窗牖，俱以白纸裱之。屋之上以高粱秸为架，秸倒系于桁桷，以纸糊其下，谓之顶棚。不善者辄有皱纹。京师裱糊匠甚属巧妙，平直光滑，仰视如板壁横悬。"震钧在他的《天咫偶闻》中描绘裱糊完的房屋时说："若裱褙之工，尤妙于裱饰屋宇，虽高堂巨厦，可以一日毕事，自承尘（即顶棚）至四壁前窗，无不斩然一白，谓之'四白落地'，其梁栋凹凸处，皆随形曲折，而纸之花纹，平直处如一线，无少参差。"本是一栋破旧的老屋，一经裱糊之后，顿成雪洞一样，光洁宜人。在洁白的房间里，利用地罩、隔扇以及博古架等划分空间，而在适宜的地方，摆上成套的硬木家具，配上自顶棚下垂的红穗宫灯，给人以洁静安适之感。北京人家裱糊房屋多在旧历年底，严冬天寒，屋门挂上棉门帘，室内炉火正旺，用炉上的壶、水，沏上一壶好花茶，加上一包熟花生米，二三好友围炉而坐，边吃边喝边谈，天南海北，无所不聊。偶尔交谈稍歇，窗外风沙扫纸声，深巷缥缈的叫卖声不时传入耳边。这种围炉会友的情景，给人的印象极深。近人邓云乡，在他写的《燕京乡土记》中有一首写围炉之乐的《忆江南》，词云：

京华忆，最忆是围炉，老屋风寒浑似梦，纸窗暖意记如酥，天外忆吾庐。

到了夏天，撕去旧的窗纸，糊上新的绿色窗纱和高丽纸卷帘，风门上也换上了竹帘，沉暗的房间，顿觉豁亮起来。坐在屋里可以看到外面的一切。院里搭起的大天棚，更给院景增加了夏意。《都门杂咏》有诗云：

天棚高搭院中间，到地帘垂绿竹斑。

冷布糊窗纱作幌，盆堆真个有冰山。

北京棚匠搭的大棚，其技艺为北京之一绝。据《天咫偶闻》载云：京师搭棚之工，虽高至十丈，宽至十丈，无不平地立起，而且中间绝无一柱，令人者只见洞然一宇，无只木寸椽之见……棚匠搭天棚时，不动院内一草一木，也不用挖坑动土，只把杉槁往砖地上一戳，用麻绳捆扎，不论多大的庭院、多高的棚架，凭各方的拉力，四平八稳，即使大风也吹不倒。常是当天完工，不仅速度快，而且动作井井有条鸦雀无声。棚顶四周都高出房檐四五尺，使棚下易于通风。棚顶及四周斜檐都有可拉卷的席子，像窗卷帘一样，随时伸开卷起，正是"纳凉延高下，当炎任卷舒"。

夏日午睡后，炎热初退，市嚣无闻，一个人躺在天棚里的藤椅上，拿把芭蕉扇，品着沏好的香茶，眯眼静听院外树梢嘹亮的蝉鸣，顿觉心境闲适，暑气尽消。最饶兴味的是把晚饭摆在棚下，阖家围桌而坐，吃着过水的麻酱面，外加黄瓜丝；或是绿豆汤白米水饭，佐以咸鸭蛋，清淡可口，别有风趣。

北京四合院的环境是舒适幽美的，而更使人忆念的是它那"冷布糊窗，红榴点景，竹帘垂地，柳影荫墙，天棚遮阴，大缸朱鱼"的怡人情趣。

现有保留价值的四合院

北京的四合院，特别是较大的大四合院多分布在东四牌楼、西四牌楼南北大街两侧的胡同里和地安门外东北南锣鼓巷一带。这里的胡同布局，历经明清两个朝代，还保留着元代大都城时的基本规格和胡同宽度，也保留着不少大的宅院。这些宅院的建筑，自然没有元明时代的旧物，但清代的世家大族、富商巨贾在这一带却留下了不少华丽的大四合院，一直保存到新中国成立前夕。

由于时代的变迁，社会生活的变化，特别是"文革"以后，当年那屋宇华丽、环境幽静的四合院，多已面目全非：独门独院变成一门多户，宽敞的庭院，塞满了各户自建的小厨房，平整的砖铺地面，也因挖防空洞而变成土地。建筑物的脊饰、砖雕，都被作为"四旧"而拆除，不少四合院变成了名副其实的大杂院。

目前有保留价值又较完整的四合院，经北京市或区的有关单位调查，定为市或区重点文物保护单位的四合院共有 27 处（截至 1985 年），其中崇文、宣武两区各 2 处，东城区 16 处，西城区 7 处。现根据记载和调查所得，将东、西城现在作为文物重点保护单位的几所比较突出的四合院简介如下：

西四北三条（原报子胡同）11 号，这是一所四进的大四合院，原系国民党政府委员、蒙藏委员会委员长马福祥宅。据马福祥的侄孙女马竹华谈，院的东院原是花园，现已不存。除大门内屏门拆除外，其他部分保存完整。19 号是一座二进的四合院，院内垂花门及走廊略有拆改，其他部分保存完好。

西四北六条（原南魏胡同）21 号是一座二进四合院，23 号是一座四进的大四合院，内部建筑大部保存完好。据街道老住户顾老先生谈，新中国成立前香山慈幼院的办事机构在此。

东城礼士胡同（旧名驴市胡同），据《京师坊巷志稿》载：清书法家东阁大学士刘墉有宅在此。据胡同老住户谈，现 129 号即原刘墉住宅，民国时期归某大员所有。新中国成立后曾为印度尼西亚驻华大使馆，现为文化部电影局。屋宇庭院保存完好。

内务部街 11 号，原系山西当商乐家住宅。附近几个门，每门各为一四合院，都是乐家的房产。新中国成立后为总政宿舍，前述各门只留今 11 号一门，其他门皆已堵死。

史家胡同 51 号，原系知名人士章士钊宅。53 号即"好园"，现为全国妇联招待所。55 号，新中国成立后曾为某国驻华大使馆。以上三座四合院均保存完整。

东四北六条 63 号、65 号。据附近老住户棚匠刘文寿谈，原为清内务府旗人蒋××宅，人称蒋中堂（疑为大学士崇礼）。民国初北洋政府外交总长孙宝琦曾住 63 号。新中国成立后归轻工业部使用，两院合二为一，房屋虽较完整，庭院已无昔日四合院的风貌。55 号，原为旗人卓姓宅，日伪时期，为禁烟局局长刘某所有，系三进的四合院，现内部保存完好。

东四北八条 111 号，为北洋政府交通总长古建筑学家朱启钤宅，是一座二进的四合院，保存完好。

地安门外大街东，帽儿胡同 5 号，是一座五进的大四合院，院后墙外即井儿胡同（今景阳胡同）。据老住户阎延文老先生谈：此宅及其东邻的 3 号、1 号都是董姓巨富所有。现内部保存完好，是一座典型的大四合院。11 号是一座四进大四合院，据阎老先生谈：11 号和 9 号、7 号原是旗人文大人家房（疑是大学士文煜），其后大总统冯国璋曾住此。新中国成立后初为朝鲜驻华大使馆，现在是外交部宿舍。主要建筑尚完整，局部有拆改。

后圆恩寺胡同 7 号是一座大四合院，内部拆改很多。新中国成立前曾为国民党政府总统行辕，新中国成立后，先为南斯拉夫驻华大使馆，后为亚非记协。13 号是一座二进的小四合院，自 1974 年起，我国著名作家茅盾住此，他的最后一部著作《我走过的道路》，就是在这里完成的，现已辟为"茅盾故居"。

　　北京的四合院，是北京风貌的一大特点，住过旧北京四合院的人，都对它有美好的回忆。一些外国友人对我们北京四合院的建筑形式也很感兴趣，认为是一种理想的住宅设计。不过四合院的设计，占地面积大，房屋利用率不高，不适应当前北京人多地少的实际情况。但作为古建筑艺术和历史遗迹，四合院这种建筑尚有保留一部分的价值。北京城内如能保存一些完整的四合院群，即使旧城全部改成楼群，仍能使我们的后代和外国的参观游览者亲眼看到有特殊风趣的北京四合院。

大栅栏今昔谈

王宝璋

　　每个人都有自己的家乡，我的家乡在北京。如今北京已经发展成为一座国际化大都市，可我还是会常常回忆起儿时的老胡同、老商业街区，前门大栅栏就是我最喜爱也是最熟悉的地方之一。

　　大栅栏正确的读法应叫"大石烂儿"（谐音），是北京前门大街西侧的一条著名的商业街。它兴于元、建于明、盛于清，迄今已近600年历史了。它曾是北京历史上最繁华的商业娱乐中心，是商贾文化、民俗文化、会馆文化、梨园文化等诸多文化的聚宝盆。

　　说起大栅栏，不能不说到廊房四条。明人张竹坡编的《京师五城坊巷胡同集》，出版于嘉靖三十九年，书中记载当时前门外路西只有廊房头条、廊房二条、廊房三条、廊房四条，而没有大栅栏这个名称。到了清朝乾隆二十三年，潘荣陛编著的《帝京岁时纪胜》中，就有了大栅栏这个街名，而没有了廊房四条。清人吴长元编的《宸垣识略》出版于光绪二年，其绘制的地图上，在廊坊四条的原位置，没有了廊房四条，却标上了大栅栏的字样。可见，大栅栏这条街，明代叫廊房四条，到了清

大栅栏庙会上民间艺人表演"拉洋片"

代中叶则改名为大栅栏了。

旧时大栅栏，多是木栅栏，容易被火烧毁，这一点还要追溯到明代孝宗弘治元年。当时北京城内实施"宵禁"，为了防止盗贼隐藏长街小巷之内，由朝廷批准在北京许多街巷道口建立了木栅栏。可是，在明末的一场大火中，这些木栅栏被烧掉了。因此，以后的大栅栏，只是有其名而无其物了。据清代《钦定令典事例》中记载，雍正七年批准的外域栅栏440座，乾隆十八年批准的内域栅栏1119座，皇城内栅栏196座。这条街的栅栏制作出色，与众不同。

大栅栏这条街在清朝也曾多次遭受火灾。最严重的一次发生在光绪二十六年，据《庚子记事》说，首先着火的是大栅栏老德记大药房，"火势猛烈，四面飞腾，延烧甚凶"。大火烧了一天一夜，"自晨起火，直至次日天晓始止"。大栅栏整条街全部被火烧毁，西头的观音寺街，东头的前门大街，南面的杨梅竹斜街，北边的廊房三条、二条、头条，也都被火烧毁，共"延烧铺面户一千八百余家，大小房屋七千余间"。

百年老街大栅栏上的老商铺

　　"京师之精华，尽在此地，热闹繁华，亦莫过于此。今遭奇灾，一旦而尽。"随后，八国联军又对这里进行了焚劫。有的书中记载："大栅栏之火，金店炉房尽毁，京中银源顿竭，一律停闭，市面萧条。"

　　在大栅栏商业街区，有许多老字号：六必居酱园开业于明代嘉靖九年，为京师酱园之首。开业于清代嘉庆十六年的马聚元帽店以及历史与之相近的内联升鞋店，也是在同行业中最老的买卖。旧时北京的达官贵人中有"头戴马聚元，脚踩内联升"的趣谈。同仁堂国药店开业于清代康熙八年，以经营自制的丸、散、膏、丹而闻名全国，是北京最著名的药铺。老北京的药行一共有四大号，他们当时的中药销量占中药界的

80%，分别是乐号、吴王号、刘号和柳号。乐号就是同仁堂。同仁堂这个堂号过去只有大栅栏同仁堂和南京的同仁堂可以用，其余乐家开的店都不叫同仁堂。同仁堂首创人是皇宫御医，有些药的处方是传统的宫廷秘方。其店的特点是选料上乘、配方独特，疗效上佳，他们以卖中成药为主。同仁堂这老买卖多少年遵守一个店规："炮制虽繁必不敢省人工，品味虽贵必不敢减物力。"瑞蚨祥绸缎皮货庄是北京有名的"八大祥"之一，在它全盛时期，竟开了四个门面。一卖布匹绸缎，一卖皮货，一称瑞蚨祥东鸿记，一称瑞蚨祥西鸿记。就这么一家瑞蚨祥，竟在北京布业营业额中占了1/2。瑞蚨祥的一位老店员曾告诉我，1949年10月1日开国大典，毛泽东主席在天安门广场上亲手升起的新中国第一面五星红旗所用的面料，就是由名冠京城的瑞蚨祥所提供的。还有祥义号，它是清光绪年间慈禧太后的太监小德张与丝绸商贾冯保义共同创办的。祥义号以丝绸制衣起家，制衣业务深入清朝内宫，由于投资人身份显赫，加上懂经营善管理的冯保义，祥义号后来居上也成为了北京绸布业的"八大祥"之一。此外，大栅栏的一品斋、步瀛斋、聚顺和、长盛魁等，也都是百年以上的老字号。大栅栏东口有一家门面不大的商店，叫长和厚绒线铺，以及只有一间门脸的天蕙斋鼻烟铺，在群众中也都享有很高的声誉。天蕙斋的鼻烟壶，数得上是独一无二的精品。

从前的大栅栏，还是一个金店、银楼、钱庄、银号较为集中的地方。明清两代的贵族妇女很讲究佩戴金银首饰，如钗、簪、金镯、戒指、项饰等。大栅栏的金银首饰工艺细腻，很有名气。

大栅栏还有比较集中的娱乐场所。清朝曾有过严格的禁令，不许在内城开设戏园。因此，戏园多开设在前门外一带，大栅栏则最为集中。这条街长不过几百米，却曾有过五个戏园：庆乐园、三庆园、广和园、同乐园和广德楼。旧时住在内城的王宫贵族、巨商富贾，多讲究出前门到大栅栏看戏。当年的广德楼，新中国成立后改称为前门小剧场。1957年，时任共和国总理的周恩来，曾从中南海西苑门外的北长街乘坐5路公共汽车去前门大栅栏看戏。他和秘书从大栅栏东口步行到前门小剧场（广德楼），拿着预先买好的入场券，观看了北京曲剧《杨乃武与小白菜》。观毕，他还走到后台亲切接见了魏喜奎等演员。

北京最早的一家电影院叫大观楼，也开设在大栅栏。大观楼因中国电影的开创者任庆泰1902年收购而得名，当时老百姓把电影称之为"电光大戏"。1905年，在大观楼上映了中国第一部电影《定军山》。

昔日的大栅栏还是北京一个著名的灯市。每年正月十五，各商店门前都要悬灯结彩，燃放烟花爆竹，五彩的灯光，奇异的烟火，吸引着北京市民纷纷赶往这条狭窄的街道赏灯，商店也借这个办法招徕到了更多的顾客。

如今的大栅栏，在党和政府的大力支持下多次重新维护修缮后，仍然保持着古老的传统：老店新店林立，从早到晚人群熙攘，热闹非凡。许多外地来北京的朋友们，都把去大栅栏逛街购物作为"逛北京"必做的一件快事。

大栅栏街是大栅栏商业街区的核心，曾有"繁华市井何处有，大栅栏内去转游"的美誉。该街东起前门大街，西至煤市街，整修后全长274米，宽约9米。数百年来，在这条街上凝炼汇集了诸多为广大百姓所认可的"中华老字号"，如果您想品味最地道、最浓烈、最经典的"京味儿文化"，想体验最传统、最纯正、最具魅力的"老字号"时，相信大栅栏一定不会让您失望。

斗转星移，近600年过去了，大栅栏的老字号依旧牌匾高悬，这些百年老店独特的制作工艺和经营理念已经成为中华民族传统文化的精髓。现在，大栅栏人正在薪火相传地续写着中华老字号的辉煌历史，乘改革开放的东风，为实现民族振兴的中国梦而不懈努力。

什刹海荷花市场

———

郭子昇

从清代晚期到民国年间，每年从端午节到中元节，也就是从农历五月初五到七月十五这两个多月的时间，什刹海前海南、北、东三面岸上和中间大堤上，席棚布帐鳞次栉比，各种摊贩云集，多种多样的文娱活动，数不清的传统应时美味食品，而又地处城市中心，交通十分方便，实为一般市民比较理想的消夏纳凉场所。因届时什刹海荷花盛开，故名"荷花市场"。

荷花市场的形成

荷花市场始于何时？又是怎么形成的呢？据《春明采风志》记载："什刹海，地安门外迤西，荷花最盛，六月间士女云集，然皆在前海之北岸。同治中忽设茶座，添各种玩艺。"由此看来，什刹海种植荷花的历史悠久，成为市民观赏荷花的好地方，赏花的人越来越多。到了清代同治年间，有些商人便在什刹海岸边设茶座卖茶，供赏花的人品茗休息，生意颇为兴隆。其他行业的商人和一些民间艺人见有利可图，也纷纷来什刹海摆摊售货和设场演出。年复一年，货摊越来越多，品种也不断增加，逐渐形成了这个丰富多彩的传统庙会，一直延续到 20 世纪 40 年代，抗日战争期间，庙会还存在，但其规模却远不如以前。最盛时是清朝末年到民国初年。

前 海

从前的什刹海前海不是现在这个样子，湖面比现在宽阔，现在北京市业余体校东侧是一条南北大堤，堤东的水面遍种荷花、菱角等水生植物。堤西也是一个小湖，新中国成立以后修了一个游泳池，"文化大革命"中把游泳池也填了，原来这个小湖里每年栽插水稻。岸边既没有现在的水泥砖护坡，更没有水泥立柱和铁栏杆。湖周围芦苇菖蒲丛生，岸边杂草野花并茂，岸上树木成行，槐荫蔽地，柳垂绿丝。湖中荷叶如翠盘随风摇曳，红莲如粉妆，白莲似玉琢，在万绿丛中亭亭玉立，出污泥而不染。蜻蜓点水，蝴蝶飞舞，蝉鸣树梢，鸟唱枝头，微风徐徐，荷香、稻香迎面扑鼻，沁人心脾，使人忘却地处北国闹市，几疑身在江南水乡。什刹海好就好在它很少人工雕琢的痕迹，野趣盎然，与它南邻的皇家御园北海形成鲜明的对比。

荷花市场不仅自然风光引人入胜，各种应时美味食品和丰富多彩的文化娱乐活动更是令人神往。所以开市之日，虽不能说万人空巷，却也是络绎不绝。有一首《北平俗曲》曾这样描述夏天的什刹海："六月三伏好热天，什刹海前正好赏莲。男男女女人不断，听完大鼓书，再听十不闲。逛河沿，果子摊儿全，西瓜香瓜杠口甜，冰儿镇的酸梅汤，打冰盏，买了把子莲蓬，转回家园。"

荷花市场以中间大堤为主要活动场地。堤中间为通道，两边搭棚，棚大部分在水上，少部分在陆地。先在水中立桩，再绑上横梁，梁上铺上木板，形成一个小小的水上天地。棚只在下半部围以席，上部无遮拦，棚顶也没有可以卷舒的天窗。坐在棚中既可品茗听曲，也可欣赏湖中荷花和观看堤上游人。棚在水上，清风拂水，凉气习习，暑热顿消。大堤的南半部多是出售食品的摊子，北半截主要是茶馆和杂耍园子，东岸百米斜街西口外，就是现在的小街头公园，过去也是一块空地，是马戏、武术等的活动场地。北岸一带更为热闹，有戏曲清唱、曲艺、杂耍，也有小茶馆和食品摊，还有捏面人、草编等民间艺人边表演边出售，以及卖蝈蝈、蛐蛐等小昆虫的摊子。

应节食品

北京的食品，特别是风味小吃，绝不是现在这样单调，只有烧饼和油饼、豆浆，而是咸、甜、酸、辣各有风味，汉、满、回、藏都具特色，可以说是丰富多彩，而且味美可口，物美价廉，老少咸宜。

早先在什刹海荷花市场出售的食品以凉为主，多系清凉爽口的食品。由于生意兴隆，食品摊越来越多，锅贴、馄饨等也来设摊应市，虽然破坏了什刹海以凉为主的风格，却大大丰富了荷花市场上的食品品种，可以满足游人的不同口味和需要。

每年来荷花市场设摊出售的食品有黄白年糕、豆沙、枣泥、豌豆黄等各种馅的年糕，及栗子糕、豆面糕、驴打滚、艾窝窝、小窝窝头、扒糕、灌肠，甜咸各种馅的油酥火烧，还有红白马蹄烧饼、腰子饼、烫面饺、烧麦、三鲜肉饼、花老虎油条、爆肉、爆肚、炸鸡蛋、苏造肉、水晶肉、杏仁豆腐等。稀的有八宝莲子粥、荷叶粥、豌豆粥、八宝茶汤、油炒面、杏仁茶、豆汁、馄饨等举不胜举。最受欢迎的还是应时的凉粉等清凉食品和酸梅汤等清凉饮料及什刹海前后海生产的鲜藕、鲜菱角、鲜鸡头米等。

荷花市场上的饮食摊贩，很多都是年年必到，摆摊地点也基本固定，而各自都有各自年年必到甚至天天必到的老主顾。比较著名的饮食摊有年糕王家的黄白年糕，枣用真正的密云小枣，一个枣润红周围一大片，黏软适度，甜香可口；扒糕年家的扒糕用纯荞麦面，料真工细；豆腐脑王家的豆腐脑，用上好的口蘑熬汤做卤，口味醇厚；晁、刘两家的油酥火烧，层薄如纸，擀好的面提出来可以照见对面的景物，馅有多种，宜咸宜甜，咸萝卜丝馅，清爽可口，尤为顾客所赞赏；增庆斋的八宝莲子粥，敢于竖起"天下第一八宝莲子粥"的通天招牌，如果没有独到之处，也不敢这样自吹自擂；赵得顺两兄弟的炸油条与众不同，别名叫"花老虎"；应家的八宝茶汤，有八种精选果料，其冲茶汤的大铜壶，制作精美，冲茶汤的动作干净利落也高人一筹；豆汁于豆汁摊上佐餐的咸菜，切得细如发丝，备受老北京的欢迎；更为引人注目的还得数杨、景两家的藕局子。杨家在堤之南端，即现在的小石桥附近。景家在堤之北头，正对会贤堂饭庄大门。这两家当门出售什刹海的河鲜以及鲜核桃仁、鲜杏仁等。都是现挖、现摘、现制、现卖，突出一个"鲜"字。在青花瓷盘中，几片切得飞薄的鲜藕，放上一层绵白糖，再加上几片鲜红的金糕，红白相映，散发着鲜藕的清香，在烈日当空、骄阳似火的三伏天，一看就给人以清爽之感，谁都想吃一盘消消暑气。茶馆与杂耍园子相间或相对，杂耍园子也代卖茶，一面品茗纳凉，一面欣赏演出。想吃小吃，茶馆的服务员（当时叫茶房）也可以为你代购，但要付一点费用，即所谓"里一外一"。假如买一盘切糕一角钱，茶房只给卖切糕的九分，给吃切糕的要一角一分，茶房便可有两分钱的收入。旧社会的茶房一般没有固定工资，这点小费就是他们应得的报酬。在荷花市场忙碌一个夏天，资本家和店主或许能发点小财，但茶房的收入却寥寥无几。

什刹海庙会期间虽然人流不断，熙熙攘攘，但能在茶馆里喝喝茶，买些可口的小吃，吃喝个痛快的却为数不多。广大劳动人民既没有钱也没有时间，偶尔有点空，也只能逛逛而已。各种食品都是随制随卖，这就保持了食品的新鲜，特别是油炸食品，刚炸出来就吃，又热又香又脆。像现在有的食品店那样，炸出一大盘子，摞得老高再拿出来卖，又凉又皮吃起来就没意思了。

会贤堂饭庄

说到什刹海的饮食，还应该着重说一说会贤堂饭庄。会贤堂饭庄虽非为荷花市场而设，但因它开设在什刹海，却为荷花市场增色不少。会贤堂是当时北京著名的大饭庄，院宇宽广，厅堂轩敞，既包办酒席，又有应时小卖，规模很大，可以同时开上百桌酒席，接待数家办喜事。而且有戏台，可以演堂会戏，经常宾客满堂，车马盈门。

会贤堂设在什刹海前海北岸，面对南北大堤，其地址是得天独厚，在北京的饭庄中找不到第二家，后来开设在北海公园的仿膳和中山公园的来今雨轩也不如它环境优越。会贤堂坐北朝南，南房是一溜十二间磨砖对缝的二层楼，楼的南面满是大玻璃窗，推窗南望，远处是挺拔秀丽的北海白塔，稍东是绿树浓荫烘托着的景山最高峰上的万春亭。近处是碧波粼粼的什刹海前海，岸上依依柳浪，湖中郁郁翠盘，微风徐徐，荷香阵阵，其情其境使人心旷神怡、流连忘返。

会贤堂是山东馆，经营正统的山东风味饭菜，用料和制作均甚讲究，四时都有名菜佳肴。因地处什刹海，濡染了荷花市场以凉为主的流风余韵，故其凉菜尤为出色。冰碗河鲜，鸡冻、虾冻等色味俱佳，即使是最普通的荷叶粥、莲子粥也非他处可比，受到顾客的好评。

会贤堂由于厅堂轩敞，环境幽静，菜肴上乘，服务周到，显宦贵胄、富商大贾经常在此举办大型喜庆宴会，进行政治交易，清代宣统皇帝的父亲载沣任摄政王时就曾在会贤堂召开过大臣会议。辛亥革命以后，溥仪未被赶出皇宫以前，他的内务大臣世续、绍英等也曾在会贤堂宴请过当时的大总统徐世昌。至于一般文人墨客，到此宴饮唱和更是常事。很多名演员如杨小楼、梅兰芳、王瑶卿、程砚秋等经常来会贤堂演出堂会戏，在演戏之余或有暇时也来逛逛荷花市场，听听曲艺，看看杂耍，吃点河鲜和风味小吃，一般游人得一睹其庐山真面目，使荷花市场的气氛更加活跃愉快。

娱　乐

什刹海荷花市场的文娱活动以曲艺、杂耍为主，北方流行的曲种几乎无所不有。大鼓书就有京韵大鼓、梅花大鼓、西河大鼓、乐亭大鼓、时调大鼓等多种，还有单弦、双簧、评书、快书、北京琴书、单口相声、对口相声、河南坠子、莲花落、京剧清唱、评戏清唱、滑稽二黄、拉洋片等。杂耍有顶花坛、踢毽子、抖空竹、变戏法、耍飞叉、吞宝剑、盘杠子、武术、马戏、驯兽等。演出分两种形式，一种是用席子搭一个"戏园子"，一头是一个小舞台供演员表演，台前是座位，座位也分两种，前两三排有长条桌和长条凳，可以边看演出边喝茶吃零食，后几排只有长条板凳无桌子，票价便宜一些，一般可容百十来人，买票入场。另一种是搭一个席棚或支一个布帐子，四周围一两圈板凳，演员在中间表演，演唱到一定段落敛一次钱，多少随意，这就是江湖艺人常说的"有钱帮个钱场，没钱帮个人场"。更简陋的是在树荫之下，在地上画一个圈，观众站在四周看，演员在中间表演，也是练一回敛一次钱，行话叫"撂地摊"，这是最没有办法的艺人。后两种较前者为多。

荷花市场即使在大棚中表演，但当年很多著名演员都曾在这里表演过，被誉为"鼓界大王"的京韵大鼓老艺人刘宝全也曾在荷花市场上献过艺。著名单弦演员曹宝禄；梅花大鼓演员焦秀兰；相声演员张傻子、高德明、常连安和他那一家"蘑菇"；抖空竹的王桂英；顶花坛的王雨田；杜贞福、果万林的双簧；马元凯的气功武术；单士俊、焦得山的摔跤；谭俊川的踢毽子和耍飞叉。相声艺术大师侯宝林青年时也多次在荷花市场表演过。这些都是当时很受广大观众所喜爱的演员，差不多年年都在荷花市场上演出些日子。

民间工艺

在荷花市场上还有几个吸引着很多少年儿童的摊子。这就是几位身怀特种技艺的民间艺术家在这里设摊表演和出售他们的艺术品。"面儿汤"的汤子博、汤子高两兄弟一南一北，每人一个箱子，一个马扎，坐在那里捏面人，题材广泛，技艺精湛，几块五颜六色的面团，几件简单的小工具，在手中捏来捏去，一个个栩栩如生的人物就呈现在人们的眼前，像魔术师一样神奇。汤氏兄弟在荷花市场上的作品也以雅静清爽为内容。像凌波御风的洛神，"踏雪寻梅"的孟浩然，《白蛇传·游湖借伞》中的白娘子等，《红楼梦》中的"四美钓鱼""宝琴立雪"，《水浒传》中的林教头风雪山神庙等。与汤子博为邻的是"马蔺刘"，席地而坐，面前放着一个筐子，装着一把把碧绿的马蔺草，筐子上用木棍或竹竿搭成一个架子，插着编好的成品。很平常很不起眼的马蔺草，经他的手巧妙地编结成蛙、鱼、蝇、蜻蜓、小鸟、龙、蛇等小昆虫或小动物，形象逼真，活灵活现。假昆虫摊的附近还有真昆虫摊，出售各种小昆虫，既有从田野捕捉的蝴蝶、蜻蜓、蝈蝈、瓜达扁（竹蝗）、螳螂等，也有人工孵化的蛐蛐、油葫芦等。这些摊前经常有很多儿童在观看、购买。

另外，在荷花市场上也有少量出售簸箕、笤帚、碗、筷等日用器皿和卖估衣的，这在荷花市场上无足轻重，就不详述了。

什刹海荷花市场，既是北京传统小吃和应时果品的展销会，又是北方曲艺杂耍的大会演，也是民间艺人的表演场，无怪乎"斜阳到处人如蚁"了。

什刹海的今天

新中国成立前什刹海在荷花市场开庙期间是商贩云集，人流不断，盛极一时，平时却是冷冷清清，四周很多破房烂屋，湖底淤塞，道路坎坷不平，垃圾满地，一派荒凉景象。新中国成立初期，人民政府以以工代赈的方式，对什刹海进行了大规模的疏浚整修，什刹海面貌一新。遗憾的是好景不长，"十年浩劫"期间什刹海遭到严重的破坏。

1983 年北京市人民政府批准了西城区关于整顿什刹海风景区的方案。经过几年的努力，拆除违章建筑，清除湖底污秽，修砌堤岸，栽花、植树、铺草、种竹，修建了北岸水榭，中心岛上六方亭。现在的什刹海又是万木吐翠、百花争艳、鸟语花香，又成为广大市民消夏纳凉的好场所。

忆旧东安市场

朱家溍

北京的中心地带，东安门大街的东口，自清朝末年在这里由空地上摆摊，逐渐形成一座市场，这就是原来的"东安市场"。在老北京的口语中没有"东安"二字，只说"市场"就是指东安市场而言。如西安门外还有一座"西安市场"，但这个西安市场从来没有简称。

我幼年时住在王府井的西堂子胡同，到东安市场很近，我母亲带我去，坐家里的马车，大概几分钟就可以到市场的西门。当时市场的西门是正门，另有北门和南门。北门在金鱼胡同。这座门离我家更近。我家的住宅在西堂子胡同内路北。如果去市场，出了家门，对面是我家的马号。一片空场，有一排平房是车夫、马夫住的，另外有车房和马棚。我们走过马号出了南门就到了金鱼胡同的市场北门。当时市场是一个十字街的形式，若干店铺的房屋一座挨着一座，街心是摆摊的，也是一个摊挨着一个摊。十字街的上空是罩棚，十字街之东有一座剧场名"吉祥茶园"。之西有两座剧场，名为"丹桂茶园"和"中华舞台"，这三座剧场都在罩棚范围以外。"吉祥茶园"的门前，路北有一饭馆，名为"会元馆"。路南原有一个大饭摊，后来发展为饭馆，就是"东来顺"。"吉祥茶园"之南是一片空场，人们称它"大院"，这里是露天表演的场所。有耍猴的、耍耗子的、耍狗熊的、拉大篇的以及说唱、杂技，等等。十字街范围以外的南面又有一片露天的空场，有卖鲜花的、卖龙睛鱼的。这里叫作南大院，大院的西面一排楼房面临王府井大街，楼上是当时最著名的西餐馆"德昌饭店"。大院东面的一排楼房是"会贤球房"。楼上是台球，楼下是地球，现在叫保龄球。以上叙述的东安市场，是记忆中20世纪20年代时候的印象。

东安市场在上述年代，曾经有三次火灾。第一次比较重，丹桂茶园、中华舞台两个剧场烧掉了。第二次、第三次比较轻，但也烧掉不少店铺。吉祥茶园三次都幸免于火，人人都说它吉祥。东安市场第一次火灾之后很快就重建恢复，但并不是每家店铺都复原。丹桂、中华两个剧场都没有恢复。第二次火灾以后也有些变化。有的店铺没再开张，又有新业主经营其他商品。也有因祸得福的。例如有一家摆摊卖面包饼干的，在第一次火灾后，以廉价得到一个鞋店不愿继续经营的一间门面，于是就由一个摊贩发展为一间西式糕点店，字号为"荣华斋"。掌柜的姓张，开业之后在保险公司办理保火险，不久第二次火灾，这位张老板得到一笔数目可观的赔偿，于是在重建恢复时，由一间门面的店发展扩充为三间门面，楼上有客座，喝咖啡、吃冰激凌，各种西式点心应有尽有，奶油栗子粉很出名。

第一次火灾之后，除两座剧场未再恢复以外，德昌饭店亦没有恢复。在我的记忆中，东安市场从我幼年到成年时期，店铺和摊贩始终存在的有下列各个点。进市场西门，从西到东这条街叫正街，街心一座大古玩摊，接着是一座大糖摊，字号是"海丰轩·何记"。这位何老板有高超的手艺，专做京式传统的各种糖食，不沾一点洋气。举一个例子，奶油酥糖，现在人们听见这个名词就立刻会想到，奶油糖难道还不是洋式的吗？这种糖是用蒙古式奶皮和芝麻泥、胡桃泥以糖合成的一个品种，已经绝迹多年了。何记糖的品种很多，不胜枚举。此外蜜饯类的食品也非常美。现在到北京旅游的人，都未能免俗地要买些蜜饯食品带走，算是北京的特产。实际现在出售的这种匣装或袋装的蜜饯干巴巴的，勉强吃一点之后绝不想再吃第二口。当年何记的蜜饯海棠、蜜饯楂梸，在摊上摆着的时候，都盛在青花白釉大瓷缸里，有原汁腌着。顾客买的时候，现盛在绿釉陶罐里，吃到嘴里还保持着果鲜与蜜香结合的味。糖葫芦不论是山里红还是海棠或山药豆，都精选原料，使人吃着放心。除平常的糖葫芦以外，还有一根上面只有一个胡桃，是剥去内皮的，糖也特别纯净透亮，都摆在青花白釉大瓷盘里，摊的中间最高处有"海丰轩"的铜牌，还有一个铜制的大月牙，这是它的商标。街心的摊到此已是十字路口。

回过头来再说街两边的店。街北是志成金店，小时候随着母亲到这里来打首饰、镶珠花，等等。隔壁是"公兴顺果局"，就是卖水果的，当时的名词叫"果局"。隔壁"中兴洋货店"，火灾后改为"中兴茶楼"，楼上每天下午有"清音桌"唱戏。街北的店铺至此就是十字路口。从"中兴茶楼"旁边一个过道到里面有一家"华美理发馆"，我家弟兄幼年都经常在这里理发。理发馆的对面是"富华照相馆"，我幼年曾在这里照过相。街南原来是"丹桂茶园"剧场。这是一座纯粹传统旧式戏院。长方形，三面楼上有包厢、包桌、散座。每个包厢都有两旁横断的隔扇和座后的隔扇，像一间屋一样，只留前面敞着看戏。包厢里有方桌和小骨牌凳，可以容一家八九口人。楼下叫"池座"，一张方桌六个凳子，算是一个"包桌"。两廊下靠墙的是散座。戏台是正方形、四根柱。四周有一尺多高的台栏杆，台上有顶盖天井，是聚音的设备。盖下有装饰性的"花牙"，盖上四周是栏杆，栏杆内十扇屏，彩画的十个人像，是职贡图的意思。戏台正面上方挂着黑漆金字匾额。台前两根柱上挂着黑漆金字对联，台中正面挂着红缎绣花台帐，上下场门挂着绣花台帘。旧戏院一般都是这个状况。这里曾经是谭鑫培常常演出的地方。我记得在这里看过王又宸、郝寿臣的碰碑，以及女武生李凤云演花蝴蝶等的戏，次数不多。火灾后未重建剧场，改称"丹桂商场"，内有文具店"佩文斋"，还有两家书店，一卖新书，一卖旧书。再往南走就是"中华舞台"的故址，后来也改为商场，以上是西门进来的正街两旁的状况。

正街到十字路口，这段空地上每天有几个卖报的人，低声吆喝着几种日报的名称，《京报》《晨报》《社会日报》《顺天时报》《实事白话报》，等等。正街从十字路口往东，仍是街心摆摊。街两边店铺，都是什么店我已不太记得了。只有突出的一家，在街南边有一间卖绒花和绢花的店是最有名的，也是北京的特产，人称"花儿刘"。各式红绒花、各样绢花，是妇女头上梳髻、梳辫子时代必备的装饰品。富贵人家妇女戴珠花，在喜庆的日子，珠花的下面必须用一层红绒花衬托。中下层社会的妇女遇喜庆日子也必须戴红绒花。戏曲演员旦角头上也要点缀一些绒绢花。因此"花儿刘"的货是行销全国的。正街从西到东，最终一家三间店坐东朝西的房子，是一家奶茶铺。字号我不记得了，但记得老板姓何。喝牛奶各地都有，不是什么特殊的事。但老北京奶茶铺的各种奶制品却是独一无二的。把奶制成碗盛冻状的奶酪，外地人称它为奶酪，但北京人的口语中却没有"奶"字，直呼之为"酪"才是地道的北京名词。"奶卷""奶饽饽"是用牛奶经过沉淀，表面浮出一层很厚的奶皮，再经过搅拌成为面粉加水的状态，做出卷状或饼状的内填甜馅，这些都是绝美的食品。如果未加搅拌的奶皮，不再加工，只捞出一块奶皮撒上白糖就吃，更为鲜美。但一般顾客他是不这样供应的，因为这样不好计算成本，我们家和这家奶茶铺关系很熟，又随他算多少钱都可以，所以我可以这样吃法。

东安市场进北门，从北到南这条街，仍然是街心摆摊，东西两边开店。我记得迎门一个摊是"耍货摊"，这个名词是这个行业中的语言，一般顾客口中就是"卖玩意儿的"。玩意儿的品种很多，都是传统的旧玩意儿，从最小的孩童所需要的拨浪鼓、花楞棒、小喇叭、布娃娃、布老虎等，到十多岁大孩童所需要的木制的刀、枪、剑、戟、斧、钺、勾、杈、鞭、铜、锤、抓、弓箭等，一应俱全。高处挂着各样面具和头套。还有供小姑娘们安安静静欣赏的玩意儿，一尺多长的"骡车"，用材和制作都和真的车一样，等于真车的模型，骡子是用绒做的。又如大小不一的泥人也很生动，大的尺许高，小的约半寸。每一份百余人，办喜事或出殡，轿子、金瓜、钺斧、朝天镫、旗、旌、伞、扇、仪仗俱全。这类玩意儿已绝迹多年了。这个耍货摊以南到十字路口的摊位，都是卖什么的，我记不清了。街东第一个是"协和号"，卖纸烟和吕宋烟，北京人的习惯不说雪茄烟。这个店国内外各种名牌很全。隔壁是"雅美利"新首饰店。街西是"稻香村"。十字路口以北我只记得这些。十字路口以南的摊位印象最深的是一个卖瓷器的，我们称他为卖碗的，这位老板火灾前就在这里摆摊。瓷器摊紧挨着一个干果摊。在这两个摊位不远就是街东的"广元绸缎店"，小时候随着母亲常来这里买东西，绸缎店招待顾客，除了和别家同样沏茶以外，另外还摆四个碟子，内盛糖食和干果，当时我欣赏他们这样招待。长成以后，分析他们为什么要这样做，可能因为太太们买衣料要一匹一匹地细挑细选，须费较长的时间。如果携带的小孩不耐烦闹着要走，很可能会少成交很多生意，甚至于被小孩搅闹不能成交。前门外"瑞蚨祥"也摆碟子，有致美斋的萝卜丝饼、闷炉烧饼和信远斋的松子糖、胡桃糖。大概绸缎店都是同样的打算。"广元"隔壁是"盛兴洋货店"。当时所谓"洋货"除指进口外国物品以外，还包括国产的仿洋货。"盛兴"的物品种数很多，有铜表、留声机、唱片、化妆品、玩具、玻璃器、洋瓷器等，在我记忆中，给我买过的几件玩具有小汽车、小火车、两人对踢球、小鸡吃米、假手枪等，我母亲买的东西相当多，我只记得常买唱片，因为唱片是不断出新的。另外是"西蒙香粉蜜""千代田发油""檀香皂""宜果皂""花蓝牌胭脂"等消耗品，年复一年地买这些老名牌不改变，所以我有印象。"盛兴"的南隔壁是"屈臣氏大药房""葆荣斋咖啡店"，对面就是前面说过的"荣华斋"。这条街到尽头面临南大院的楼上是"吉士林"餐厅，楼下是酒吧。也卖点心和冰激凌，楼上西餐价廉物美，一汤一菜面包黄油果酱共5角钱，汤和菜都很丰富。从楼下向西进入中华商场，这里最引人注意的是"庆林春"，福建人开设的茶叶店，茶叶当然很好，不过茶叶不是这里的特点。福州有一种朱漆描金花的皮箱，美观轻便是别处没有的。还有肉松和光饼，也是特有的美食。现在福州本地的光饼肉松，水平已经退化到无法和当年比了。朱漆描金皮箱，当年在北京只此一家。

东安市场内的饭馆，前文已提到的会元馆，是地道北京派的饭馆，以褡裢火烧最著名，馅有猪肉白菜的、三鲜的，皮薄，外焦里嫩。每十个1角钱，还奉送一小碗鸡血豆腐汤。后来改成广东式，字号叫"东亚楼"。对面"东来顺"是最著名的羊肉馆。在原来大院的地面上，火灾后有两个饭馆开张：一为"润明楼"，是北京派，也有褡裢火烧，是"会元馆"之后唯一的一家。另一为"五芳斋"，是南派小吃，以小笼包子、小笼饺子、熏鱼面、排骨面、煮干丝、炸春卷、炸鳝糊、干烧鲫鱼等著名。进北门，街西的"稻香村"是扬州人开设的，卖江苏、浙江的食品很地道，楼上"森隆餐厅"做南方菜也很地道。前文提到的"德昌饭店"在第一次火灾后就没有开张。当时北京的第一流西餐还有几家，例如，"撷英番菜馆""六国饭店""北京饭店"，后来陆续开设的"墨蝶林饭店""王家饭店"等。但在我的记忆中，"德昌"并不是比这几家怎样的好，而的确不太一样，例如"德昌"的布丁特好吃，就是和其他西餐馆绝不相同，不知是属于什么系统的。

东安市场值得大书的应该说是"吉祥茶园"，后来改称"吉祥戏院"，在三次火灾后巍然独存，始终是一个很上座的戏院，堪称"吉祥"二字。吉祥茶园的建筑面貌规格和前文所描写的丹桂茶园一样，所不同的是戏台没有前面的两根台柱。当时饭庄的戏台也有没台柱的，例如隆福寺街福全馆、什刹海会贤堂的戏台都没台柱，这两处也都没有台盖。旧式戏台的台盖有天井，是聚音的设备，所以没有台盖在音量方面是很大的缺点，并且也不美观。中国古典戏曲一切表演都是在方台面上创造的，所以出场、入场以及台上一切活动内容可以气贯整个舞台。吉祥园的台保留方台的优点，取消了台柱在观众视线上的障碍。又把乐队座位移在台侧突出的一个小台上，台盖虽然悬空，可是把承重放在后面两根柱上，台前两柱仍保留一小段柱子的形式，采取北京住宅垂花门的建筑手法，悬着两朵垂花，美观而不碍视线，这是新旧过渡阶段的一个特殊现象。吉祥园和其他旧戏院比还有一项不同点，除东西南三面楼座之外，在西面楼上又加一层楼座，这一层座一般顾客都嫌它离戏台又远一些，不愿坐。因此这一层平时是关闭不卖的。只有大公主府来听戏的时候就包这一层。我从幼年到青年看戏次数最多的剧场是吉祥园。杨小楼和梅兰芳合组的崇林社，梅兰芳、俞振庭的双庆社，杨小楼、余叔岩的永胜社，这三个最高的组合都长期在吉祥园演唱。梅、杨、余三位大师自己个人的班社，以及其他名演员如尚小云、荀慧生、马连良等自己的班社，前后陆续在这里演唱过。我从幼年随全家人在这里看戏，后来长大结婚之后夫妻一同来看戏。吉祥茶园改为吉祥戏院，建筑也经过几次变化。

我和吉祥园除了观众和戏院的关系以外，我还多次以业余演员身份在吉祥园演过戏。以近十年之中的事例，在吉祥戏院演过《牧羊记·告雁》《浣沙记·寄子》《铁冠图·别母乱箭》《单刀会》等，还有两次很有意义的演出：一次是 1988 年为纪念杨小楼先生诞辰 110 周年，中国戏曲学院、北京京剧院艺术交流中心、北京市京昆振兴协会三个单位举办纪念演出，在吉祥戏院由我和宋丹菊女士合演《湘江会》，杨小楼先生的曾孙杨长秀演《恶虎村》。后来东安市场易主，吉祥当然也就不吉祥了。1993 年 10 月，随着市场的拆除而拆除了。在拆除前，吉祥戏院的经理张宇先生曾发起一个签名书，希望新东安市场的计划把"吉祥戏院"仍在原地重建，虽然在京的文艺界名人都签了名，不过这种建议可以设想是不会有人理的。拆除前，张宇先生举办了七场告别演出，其中末一场是约我和宋丹菊（国家一级演员）合演《霸王别姬》。那天和我同台演出的还有杨杰女士（体委研究员）演《桑园寄子》。这种告别式演出的滋味，很像和深交的老朋友末次见面一样，明知道这是今生不会再见了，见时徒增伤感，不如不见的好。但是，又想既是有机会告别，总是告别一下好吧。在剧终谢幕时，经理张宇上台站在我和宋丹菊的后面拍了一张照片，这张照片是吉祥戏院最后一次的舞台画面。

金鱼池史话

胡瑞峰

北京天坛西路，106 路公共汽车路线有个金鱼池站，站以池为名，可遍地寻池而不得。原来这里确曾有过金鱼池，当年不但是个游览胜地，而且是皇帝驾临的地方。据《天咫偶词》载："鱼藻池俗名金鱼池，在天坛之北，金章宗（1190—1208）曾幸之，有瑶池殿，久废。"另据明末刘侗、于奕正合写的《帝京景物略》则称："金代故有鱼藻池。"旧志云："池上有殿，榜以瑶池，殿之址今不可寻。池泓然也，居人界而塘之，柳垂覆之，岁种金鱼以为业。"刘侗又介绍说：池阴一带，园亭多于人家，南抵天坛，一望空阔，岁午（即端午节）走马于此。他还引了时人谭元礼描写居民游池观鱼情景的诗句：

> 儿童拍手晚光内，如我如鱼急风烟。
>
> 仕女相呼看金鲫，欢尽趣竭饼饵掷。

直到清代乾隆年间，金鱼池仍是夏日游人饮酒玩乐的地方，也是畜金鱼"以供市易"的场所。据《日下旧闻考》载："金鱼池素养金鱼，以供市易、都人入夏至端午，结蓬列肆，狂歌轰饮于秽流之上以为愉快。"同治年间，金鱼池仍是市民游览之处，据同治十一年李静山写的《增补都门杂咏》中有诗云：

天坛北面水池深，大小鱼池映绿荫。

曲径游人欣玩赏，手持气凸岸边寻。

到了光绪年间，这种狂歌轰饮的场面已不复存在。民国初年，署名燕语写的《金鱼池记》载："天桥迤东有金鱼池，周数亩。地洼，故多积水，居民以之蓄养金鱼。池昔为官产，养鱼者按时备红鲤贡于宫中，以备御膳。"民国以后，废除了向宫廷贡红鲤的规定，养鱼业遂转向民间市场。当时经营金鱼业的店铺叫鱼庄，著名的鱼庄有知乐、永顺、长海等家，而以知乐鱼庄最有名，它家资本雄厚，池院广阔，院中陈有鱼缸百数十具，砖砌鱼池八九个，所产金鱼，种全色多，远近驰名。

金鱼分草鱼和龙睛两种。草鱼又名柴鱼，形似鲫鱼，尾有两鳍或三鳍，色有红、黑、花。身长自一寸至五寸，凡肩贩摊贩所卖的金鱼，都属此类。龙睛品种颜色，变化多样。其颜色有红似朱，黄似金，黑似墨，蓝似靛，白似银，花似斑，点似癞。其形状有尾似扇者，眼望天者，腹似球者，鳃似拳者，有头似虎者，有顶绒球者。其中以望天、绒球、虎头、红蓝头为最珍品。当年一只珍品金鱼可值银洋十几元。这种龙睛金鱼只在鱼庄销售。金鱼池的金鱼不仅为北京居民所喜爱，它还远销国内各大城市以及港、澳、南洋等地。当年北京城中，养鱼之风极盛，王公府邸、士绅庭院，都有金鱼缸之陈设，所谓"天棚、鱼缸、石榴树"是大宅门院内不可缺少的消夏措施，就是一般住户窗前、几上也要摆上养有小金鱼的玻璃鱼缸。每到春末夏初，大街小巷，都有卖金鱼的叫卖声。这些金鱼，都是从金鱼池贩来的。

金鱼池鱼庄养鱼，都有一套专门技术，从晒水、清底、下食、产卵到分盆都有一定的规范，主持养鱼的，都是有丰富经验的鱼把式，一个新学养鱼的小徒弟，非二三年不能做产卵、分盆的活。这些老鱼把式，通过多年的经验，利用鱼的变种和杂交，饲养出许多奇异的金鱼品种。我们今天在中山公园或北海看到在大鱼缸里游弋的各式美丽的大金鱼，就是金鱼池传下来的绝技。20世纪30年代我来北京读书时，假日曾去金鱼池看金鱼，那时鱼庄已不多，一度有名的知乐鱼庄尚在营业，院内鱼塘和鱼塘之间都有曲径相通，上百只大鱼缸，都摆在小径之旁，里面蓄着各色金鱼，边走边看，也颇有趣。知乐鱼庄附近，也有几处类似鱼塘的臭水坑。据说这些臭水坑当年曾是养鱼的鱼塘，年久失修，成了纳污藏垢之地，其肮脏情景正如老舍先生在话剧《龙须沟》里所描写的那样："坑里全是红红绿绿的稠泥浆，夹杂着垃圾、破布、死老鼠，其气味使人从老远闻见就作呕。"

北京解放后，在整修龙须沟时，把金鱼池各鱼塘全部浚通，形成一个大水池，池边修上了水泥栏杆，培植了垂柳，使其成为一个小型公园。后来因为水源不足，遂把水池填平，改为居民区。如今天坛路北侧、金鱼池西街、金鱼池中街和东街一带，就是原金鱼池所在地。

北京的会馆

吴哲征

兴　建

在北京南城的胡同里，坐落着各省在京的地方住宅，这就是旧北京的会馆。早在汉唐时京城内就建立了郡国公邸，供进京朝觐的地方官员居住，可谓最早的会馆。然而，会馆在北京大批的兴建，则是明清以后的事，这与当时科举制度的发展和商品经济的繁荣有着密切的关系。隋唐以来各封建王朝均以科举考试选拔官吏，明清时尤盛。每三年在京城举行一次会试，各省的举人皆可应考。会试录取的贡士，还要参加皇帝亲自策问的考试（即殿试）。所以早在宋元时民间已有"状元店"，是专门接待举子的客店。明清时北京的一些民户也出租单间客房，以供来京考试的举子食宿，称作"状元吉寓"。这些店寓房金昂贵，一般贫寒的秀才是租不起的。所以举子们迫切盼望能够有一个初次来京即能找到的、凭借乡谊能相互照应的同乡住处，于是会馆如雨后春笋般地应运而生。

明嘉靖、隆庆至万历仅 50 年左右的时间，京师五方已建有各省会馆。清入关后，科举制度进一步发展，进京应试的秀才每次都有上万人，而康熙、乾隆两朝大事修书，《古今图书集成》《四库全书》等大型类书均是此时问世。来京修书的文人亦随之增多，因此，乾隆、嘉庆两朝是北京会馆发展最快的时期，至光绪年间已发展到 400 余所。据乾嘉时汪启淑《水曹清暇录》记载："数十年来，各省争建会馆，甚至大县亦建一馆，以至外城房屋基地价值昂贵。"又据近人徐珂《清稗类抄》记载："或省设一所，或府设一所，或县设一所，大都视各地京官之多寡贫富而建设之，大小凡 400 余所。"直到民国时候，北京还有新的会馆修建，当然已与科举制度无关。据统计，民国时期北京尚存的会馆有：直隶（今河北省）12 所，山东 8 所，山西 35 所，河南 13 所，江苏 26 所，安徽 34 所，江西 65 所，浙江 14 所，福建 33 所，湖北 24 所，湖南 18 所，陕甘 26 所，四川 14 所，广东 32 所，广西 7 所，云南 9 所，贵州 7 所，绥远 2 所，奉天 1 所，吉林 2 所，新疆 1 所，另有台湾 1 所，商人会馆 8 所，共计 402 所。因清政府有满人居内城、汉人居外城和内城禁喧嚣等规定，所以清代遗留在内城的会馆逐渐废除，而南城正阳、崇文、宣武三门一带的商业繁华区则成为会馆最集中的地方。

兴建会馆，一般都由本乡有名望的官吏发起，联络在朝的文武官员、在京的地方士绅和商号，共同捐款集资建造，如湖广会馆是清嘉庆十二年长沙刘云房相国、黄冈李秉和少宰，创议公建于虎坊桥。也有一些会馆是买下原有的建筑加以整修而成，如湖南会馆是光绪十三年购得烂缦胡同中间路西的一处房产（房主姓朱）而建立的；安徽会馆是同治八年，合肥李鸿章兄弟提倡，淮军诸将响应出资，购得后孙公园李氏故宅一所（其中一部分包括戏台，为明末清初史学家孙承泽的住宅），廓而新之，筑堂建阁。耗资 2.8 万余两白银。

光绪三十一年（1905）推行学校教育，科举制度废除，但一些学生来京投学还是住在本乡的会馆里。民国成立后，乡间的政客和失业者来京投靠北洋政府，也有住会馆的。北伐之后，国都南迁，北平不再是首善之区，投奔而来的人逐渐减少，学生住进学校，于是会馆人少房多。至沦陷时期农村人口大量流入城市，会馆中个别同乡将房屋高价出租。国民党统治时期会馆已变成大杂院，同乡中占房者便是房主，谁管会馆谁便从中渔利。会馆无力修房，任其倒塌，渐渐失掉昔年的景象了。

发 展

会馆分为县馆、州（府）馆、省馆三级。省馆不住人，专供在京同乡中的上层人士集会酬酢之用。本省同乡也可租用办理婚丧喜寿的宴会。有时亦在此接待来京的本省的达官显宦。旅京同乡一般都与省馆保持一定联系，省馆从某种意义上成为旅京同乡的总联络点。省馆经费不足时，本省各会馆要负担部分经费。

会馆的规模大小不一，大的有三四层院落，其中有供奉魁星的魁星楼（传说魁星专司人间考试），有纪念祖先的乡贤祠，有吟诗作赋的文聚堂，有迎客宴宾的思敬堂，还有进行喜庆活动的大戏台，以及花园、山石、水池、亭榭等；而小的会馆只有一个四合院。省馆的规模一般富丽堂皇，戏楼、花厅皆具，有的还有花园、回廊等。会馆不仅房屋讲究（如有雕花落地罩等），有的还配有硬木家具。

会馆本身的房产叫主产，其余的房产称为附产。附产主要是用中试的新贵们筹募的资金购置的；也有一些暮年归里的京官，临行前将自己的房产托管于本乡会馆，久而久之变成了会馆的附产。民国前会馆规定，同乡住主产不付房金；非同乡不得住主产；而住附产者不论是否是同乡，一律付租金。旧时住会馆不许带家眷，20世纪30年代以后这条规矩才不那么严了。

会馆是一个地区的同乡共同集资兴建的，因此它属于本地乡土的公产，任何人无权私自处理。会馆带有社团的性质，经营管理由旅京同乡共同负责，但管理大权实际由同乡中在京居官地位高、有声望的人掌握，如民国三十二年推举国立北京法政专门学校校长吴家驹（湘潭人）为湖广会馆董事长。辛亥革命前，会馆的管理为值年制，民国以后成立同乡会则改为会长制，后又改为馆长制、董事制。董事一般任期三年，下设文牍、会计、庶务三部，只雇用"长班"一至数人。"长班"就是工友，专司会馆的传达、勤杂、打更之责，更要为住会馆的头面人物服务。他们工资菲薄，全仗赏钱和小费贴补生活。民国以后，他们还义务给住会馆的学生服务。会馆凡遇重大事情，必须开同乡职员联合会共同决定之。会馆的日常经费主要来自同乡会，如广东中山会馆每年由家乡中山县寄来300元；另一来源，即靠捐助和附产资金的收入。这些钱主要用于日常开支和修缮房屋。每年年初，乘同乡团拜之机，由值年向同乡报告全年经济收支情况，并移交给下届值年。

会馆是为来京应试的举子而设的。所以开科考试期间异常热闹，等放榜已毕，人员便陆续离去，房屋空出很多。这些空房子渐渐被旅京的同乡所利用。占住会馆房屋的同乡，概括地说可以分为两类人：一是中试后留在京城做事的京官，他们不但有资格住用会馆的空房，而且有资格参与管理会馆的事务，因此非考期间，会馆成了同乡中京官的"公馆"。二是在京同乡中的困难者，会馆为他们提供住处。按照会馆成规，非考期间乡人占用的空房，每届考期临近，必须腾让出来，以满足举子住用；考期一过，举子离馆后，乡人们仍可继续占用。由此可见，会馆除招待应试的本乡举子之外，还兼有联络旅京同乡的作用。

会馆里经常举办一些同乡的活动,如逢年过节举行团拜活动,祭神明、祀乡贤,聚餐唱戏。乡人有高中"三鼎甲"(状元、榜眼、探花)的,要在会馆里设宴庆贺,还要在会馆门上或厅内悬挂一块匾额,以示炫耀。有的会馆有宰相、状元、榜眼、探花、翰林、进士、大学士、大司马、大司徒、太师、总督等大小匾牌数十块之多。新贵出任之后,自然不忘会馆情谊,于是要对会馆做出相应的惠施,因之使会馆逐渐得以扩建。所以出现了一种现象:哪个会馆悬挂的鼎甲匾额越多,该会馆的建筑面积即越大。另外会馆还举行结婚、做寿、宴请宾客等活动。戊戌变法以后,会馆亦与政治活动、革命活动发生了联系。

一些大的会馆还设有学校、幼稚园、义地等附产,举办教育等公益事业,办理同乡的殡葬,补助还乡旅费,并救济贫苦同乡的生活。

价 值

鲁迅先生民国初年来北京时住在浙江绍兴县馆,有七年半之久。开始住在藤花馆,有三间正房,东西各三间厢房,在房东边还有架藤花。没住多久就迁到西边的"补树书屋"。那时鲁迅在教育部任佥事,下班后回到屋里便抄写古书和碑文。有时在星期日到琉璃厂旧书店去,搜集些古书和古碑拓本。在老朋友钱玄同的促劝下,鲁迅终于拿起了笔,在《新青年》上发表了他的《狂人日记》,之后又写成了《孔乙己》和《药》。鲁迅在北京时还去过江西会馆、安庆会馆、吴兴会馆、南通州馆等地,参加婚礼、祝寿、听戏。

秋瑾烈士的战友徐锡麟烈士来京筹备武装,准备皖浙两省起义时,也曾住在绍兴县馆(当时叫山会邑馆),她曾为修缮会馆捐过钱,她的名字镌刻在会馆墙上的石碑中。

"五四"时期进步青年组织"少年中国学会",曾在盆儿胡同浙江鄞县会馆,召开学会成立筹备会和学会成立一周年纪念会,李大钊、邓中夏、黄日葵、张申府等出席。

广东省会馆是出名人最多的地方。上斜街的广东番禺会馆曾是爱国诗人龚自珍的故居。清初学者朱彝尊曾在海北寺街广东顺德会馆的古藤书屋编写《日下旧闻》。上斜街东莞新馆曾是清初名将年羹尧的故居。韩家潭的广东会馆是康熙时钱塘李笠翁住过的地方,还是著名的芥子园旧址。

戊戌变法的改良派领袖康有为和梁启超都曾住在会馆里。康有为住在米市胡同的南海会馆北跨院里。他住的屋子像一只小船,所以叫"汗漫舫";当时院内种有七棵树,又叫"七树堂"。有一条廊子两侧堆着玲珑的山石,长廊壁间嵌着苏东坡观海棠帖片的石刻。1882 年 6 月和 1888 年夏天,康有为两次到北京应试都住在南海会馆。1897 年康有为等人在南海会馆创立"粤学会"。之后又相继成立了"经济学会"和"知耻会",集体研究时政。康有为在汗漫舫写过许多诗文,编纂过书籍,并和他的同志多次在此策划戊戌变法方案。戊戌变法失败后,光绪给康有为的密旨就送到这里。康有为的弟弟康广仁在会馆中间第二进院子的南耳房居住,并在此被捕。

梁启超是广东新会人,他 18 岁来京应试,住在粉房琉璃街的新会邑馆,以后结婚也在这里。他住的中院的三间北房现在还在。戊戌变法时康有为、梁启超等在赴京应考的举人中发起成立"保国会"是在粤东新馆。康有为最后一次来北京期间还到这里凭吊。

孙中山先生 1912 年夏第二次来北京时,受同乡会的邀请曾去铁门安庆会馆、南横街粤东会馆和珠巢街香山会馆(后因香山县改为中山县,会馆也改为中山会馆)出席欢迎会,并在香山会馆客厅吃午饭。据住在中山会馆的老住户李善星回忆:"听说孙中山要来,提前就把门廊油刷一新，客厅里前面放的是硬木家具，后面放的是黄色沙发，客厅四周的回廊上和客厅里摆满了鲜花。孙中山穿的是西服，孙中山前夫人穿的是黑色的长纱裙，里面是白色衬裙，梳的是日本式的发型。同来的还有秘书宋蔼龄。临别时在集益堂前的台阶处摄影留念。"当时香山会馆是一个很优美的会馆，有假山、亭榭、水池、小石桥、什锦窗院墙等，院内种有藤萝、桃树、牡丹花、梅花，山石上爬满了爬山虎。据该院另一老住户何悦雅回忆："中山会馆还是辛亥革命后有志青年进行革命活动的场所，广东青年会在这里办公，后来还成立了'中山少年学会'。"

在湖南浏阳会馆里住过清末政治家、思想家和哲学家谭嗣同，他的屋子自题为"莽苍苍斋"。有一副门联是他自己作的，上联是"家无儋石"，下联是"气雄万夫"。康有为见后，认为锋芒太露，劝他改作。于是他改上联为"视尔梦梦，天胡此醉"，下联为"于时处处，人亦有言"。袁世凯出卖了变法运动，清兵在浏阳会馆逮捕了谭嗣同。

湖广会馆是湖南、湖北两省的会馆，前清时凡京官宴会大都在此，以联乡谊。民国初年孙中山来京将同盟会等五政团合并组织成国民党，就是在湖广会馆开的会，孙中山等5000人出席，孙中山还作了讲演。民国五年梁启超曾在此讲宪法纲领。黄兴在京期间，也来此参加过活动。

1919年毛泽东来京曾住在烂缦胡同的湖南湘乡会馆，并在那里召开"湖南各界驱逐张敬尧大会"，有1000人参加。据张申府回忆，1917年李大钊以"亚细亚学会"的名义，在湖南会馆发表过演说，陈独秀、蔡元培等人出席会议。

我国杰出的政治家和民族英雄林则徐，1813年来到京师，住在贾家胡同福建蒲阳会馆一个长方形的小四合院里。之后他又为筹建福州新馆而奔忙。

安徽会馆曾是李鸿章为首的淮军集团的一个据点，淮军集团当时与清廷贵族及其他派系之间的矛盾日益尖锐，迫切要加强自己内部的团结，以提高自己的政治、军事实力，这就是安徽会馆创建的主要原因。安徽会馆馆舍的规模相当大，有三大套院和一个花园，套院里有专门悬挂写有皖籍中试者姓名匾额的文聚堂，有祭祀朱熹和历代名臣的神楼，有戏楼（现在还保存着），还有碧玲珑馆、奎光阁、思敬堂、藤间吟屋等建筑。花园里有云烟收放亭、子山亭、假山、池水。会馆总面积达9000多平方米。

明清时代北京规模最大、匾额最多的会馆，当属位于绳匠胡同的安徽休宁会馆，这里原是明代相国许维桢的宅第，屋宇宏敞，廊房幽雅，馆内的古藤和樱桃相传为许维桢手植，现尚存有大学士汪由敦的手书石刻。

安徽宣城会馆曾是清初诗人施愚山的故居。安徽歙县会馆是马克思在《资本论》中提到的清代中国货币改革家王茂荫的故居。

米市胡同安徽泾县会馆，曾是1918年创刊的《每周评论》的编辑部，由李大钊、陈独秀任编辑。张申府、胡适、周作人、高一涵、王光祈等经常为该刊撰稿。李大钊在会馆北屋的一间房子里经常工作到深夜。

江西会馆里常常演戏，张勋复辟时就是在江西会馆里唱戏庆祝的。俞平伯、吴梅、袁寒云等也曾在这里演出过昆曲。民国初年蔡锷、陈师曾等著名人士的追悼会是在江西会馆举行的。

西单旧刑部街路北有奉天会馆，原是清光绪年间奉天将军增祺的旧居，后来送给军阀张作霖，张以各省在京均设有会馆，独东三省没有为由，乃将此房改建为奉天会馆，后又改为东北同乡会。新中国成立后原奉天会馆址改为西单剧场。

四川叙府会馆是我党建党初期许多共产党人从事秘密活动的地方，中共北京地委书记赵世炎烈士以及著名的孙炳文烈士，都在这里住过。孙炳文和任锐同志就是在这里结的婚。朱德来京寻找共产党组织，曾住在孙炳文家里。

1932 年聂耳由上海来北平，住在校场头条云南会馆里。并参加了北平左翼戏剧家联盟和左翼音乐家联盟的排练、演出和组建活动。该会馆还是"三一八"惨案中牺牲的范士融、姚宗贤等烈士组织"新滇社"，进行革命活动的地方。

现为菜市口中学的福建会馆，1898 年曾是由林旭、张铁君等人发起，结合旅京闽籍同乡组成的"闽学会"活动地点。

宣外大街的韩城会馆，民国时曾为《新北平》报馆馆址。

储库营胡同的山西太原会馆，为清初经学家阎若璩的祠堂。后青厂胡同的江苏武进会馆，是清代著名经学家、校勘学家、金石学家孙星衍（渊如）的故居。珠市口西大街的湖北宜昌会馆是清末著名地理学家、书法家杨守敬的故居。校尉营胡同的江苏宜兴会馆是光绪年间顺天府天官周家楣的故居，他曾主持编纂《光绪顺天府志》。教子胡同的甘肃会馆曾是赵吉士的"寄园"，后为王述庵（兰泉）之蒲褐山房。

另外，棉花胡同上七条的四川会馆曾是"蜀女界伟人秦良玉驻兵遗址"。法源寺后街的江西会馆是南宋诗人、宋代抗元的英雄谢枋得的殉难处，建有祠堂。

其他

在北京 400 多所会馆中，有 60 多所是由各地在京的工商业者或手工业工人创建的，实际上就是一种"行会""行帮"组织，当时也称为"行馆"。为了维护本身利益，防止同业竞争，排除异己，工商业者和手工业者纷纷成立会馆、公所和公会，其中有明中叶山西人创建的颜料会馆，明代浙东药材商创建的四明会馆，明代徽州茶、漆商人创建的歙县会馆，明代山西铜、铁、锡、炭、烟袋诸帮商人创建的潞安会馆，清康熙绍兴银号商人建立的银号会馆（即正乙祠），清初浙江慈溪县成衣商人建立的成衣行会馆，清雍正山西烟商建立的烟行会馆（又名河东会馆），清雍正山西布商建立的布商会馆（又名晋翼会馆），清乾隆福建纸商建立纸商会馆（又名延邵会馆），清乾隆玉器行商人建立玉行会馆（又名长春会馆），等等。

新中国成立初期，由于一些原来把持会馆的人或南逃或隐蔽，会馆形成没人管的状态，房屋年久失修失养，圮坍倒坏者甚多。在使用上也极不合理，人口少的占房多，个别同乡甚至占用房屋私自高价出租。针对这种情况，人民政府采取了一系列措施，将会馆财产有步骤地过渡到全民所有，从 1949 年开始进行全面调查，1950 年颁布 "北京市各省市会馆管理暂行办法"，经过说服教育，废除了旧的管理组织和管理制度，吸收各阶层进步人士及住户中的进步分子，成立了统一的管理委员会。经过大量工作，收缴和调整了房租，以其所入，统筹统支，对房屋做了必要的修理和养护，并登记和检查了会馆财产。从 1951 年起到 1956 年止，陆续将全部会馆移交北京市人民政府房管局管理。

近年来国家重视文物古迹的保护，已将其中有价值的几所会馆，定为文物保护单位，以供后人参观。

宣武会馆访思

静　庵

2003 年的"五一"，正值"非典"猖獗，路上行人寥寥，正是拍摄古巷胡同的好时机。我得暇徜徉北京南城纵横交错的阡陌古巷，寻觅旧时会馆，踏访名人故居。北京发展日新月异，沿街尽是高楼商厦，从外看去，古风早已荡然无存。然而只要进入胡同深处，仍然可以体会这座千年古都犹存的神韵。南城众多的会馆，不仅从建筑上保存着古都的外壳，而且真正体现了古都特有的文化内涵，尤其那些与历史名人紧紧相连的会馆，如夜幕下闪闪发光的繁星穿越历史时空，把这片文气昌盛之地点缀得神奇而绚丽。

北京的会馆起于明代，于清而盛，最鼎盛时达 700 多座，十有其七在南城宣武。会馆相当于今天的驻京办事处，但它不是官方机构，只是同乡共同集资兴建的公产，主要供同乡来京居住之用。外省人入京之初，尤盼乡人相携，会馆为本乡人提供了方便，居住不收费用，乡人因此聚集。会馆同乡有士有商，宣武之南以士为主。

清代士人落脚宣南，其来有自。南城崇文宣武两地，崇文门较近大运河，明中叶就是总税关，商户因而相聚；士人素有轻商传统，自然择地别居。有清一代，满汉分置，原居内城官民尽徙南城，宣武既近官衙，顺理成章成为士人官宦居住地。人以群分，也就崇文不文、宣武不武了。此时科举大兴，三年一次会试，各省举人应考，来京者多达上万人。南方多出士人，因不得居内城，便在南城的会馆驻脚，应试士人与会馆联系如此紧密，以至于有云会馆"其始专为便于公车而设"。士人们在这里同气相求，论道问学，吟诗唱和，切磋交流，带来了各地的文化，促进了文化的交融，形成了独特的宣南文化。加之北京乃全国政治中心和文化中心，这种文化影响甚至带动了历史的发展。

我对宣南会馆和名人故居的寻古探幽，即从宣武门出发。世易时移，当年赫赫有名的会馆，如今"泯然成众人矣"，多为居民大杂院，且门口无标记，踏寻颇为不易。待临之目睹破败之状，往往心生惋惜，但比起已遭灭顶之灾的会馆，这还不是最坏的感觉。

宣武门南西上斜街的番禺会馆，因宣武门外大街的拓宽改造，如今的命运已岌岌可危。这座从前的龚自珍故居，现一半成为废墟。龚自珍曾有诗"因忆斜街宅，情苗茁一丝"，面对如此情形，恐怕再难有诗情画意。据记载上斜街还有东莞会馆，为清朝名将年羹尧故居，因不知门牌未曾访得，但我还是为它在胡同深处躲避了龚自珍故居的厄运而感到庆幸。

上斜街南达智桥胡同有杨淑山祠，这是明嘉靖进士杨继盛故居。他不畏严嵩盛焰，奋笔写下《请诛贼臣书》，历数严嵩五奸十罪，被严嵩所害，临刑吟诗："浩气还太虚，丹心照千古。平生未了事，留以后人补。"这里也是康有为"公车上书"的始发地。1895 年 4 月 30 日，康有为写下《上清帝书》后，即集十八省举人在此会议，次日在此和其北不远的河南会馆嵩云草堂集合 1300 多名举子出发上书，由此拉开了戊戌变法的序幕。恰巧是同一天我瞻仰此地，只不过如今看到的是市场经济下的小杂货铺了。

杨淑山祠西侧金井胡同的吴兴会馆，是"以修律而鸣于时"的清末著名法学家沈家本故居。作为在清逊位诏书签字的司法大臣，他亲历了最后一个封建王朝的灭亡。这位精通旧律、学贯中西的法学家，在他生命的最后十年里充任晚清的修律大臣，对中国法律近代化和中国近代法学之兴起，起到了承前启后的作用。在这院内的枕碧楼上，他留下了卷本浩繁的法学著作。如今这里已拥挤了60多户人家。

离此不远，则有太原会馆、云南会馆和一些说法不一的会馆，同样也是居民大杂院。看到我拿相机拍摄，这里的居民急切地问我是不是快拆迁了，一点也没有住在名门大宅里的自豪。有些住户自己也说不清这些会馆的来龙去脉以及和他们有幸共一个屋宇的名人了。在云南会馆，居民还不知道这里曾住过国歌的作曲者聂耳。当然，在当年只住一户人家的院子里忽然挤上几十户住家，其窘迫是不言而喻的。只要往院子深处走一走，这种感觉就更明显，在原先宏大的屋宇下，他们为了自身生存接出了一间又一间低矮的奇形怪状的小屋，有的地方狭窄得只容人侧身通过。我只有在想象中去除眼前这些简陋的自建房，通过偶尔露出的精美廊柱和窗棂，以及突兀而起的两层甚至三层楼房，才能感觉到当年这些会馆的大气和胜景、它的宁静和安谧。

从宣武门往东，再不会有人问我会不会拆迁了，因为这里已成一片瓦砾，玉石俱毁的自然也包括其中的会馆，比如武进会馆。取而代之的将同样是临街已经建成的高层住宅，高大的脚手架下，留下的是北京在拆迁中明文保护的树木，散落在这片废墟之中，见证着历史变迁。我不认为建筑比树木更不值得保护，也许宣武的会馆甚多，多到不值钱的程度，也就毫不吝惜、毫不留情了。实际上从我到过的众多会馆看，宣武的会馆在建筑上颇具特点，它既有北方民居的样式，又融入了本省建筑的风格，比如它的一些精致小楼，就是内城标准四合院所阙如的。当然赋予这些会馆灵魂的，还是曾经居住在此的名人大师。随着急不可待的拆迁，所有的一切都随风而去。

这里硕果仅存的是海柏胡同顺德会馆，为明末清初学者朱彝尊的故居，他在院内的古藤书屋里，历时三年写下了《日下旧闻》，辑录了旧时北京地区的山川地理、文物古迹、风土人情。据记载，清代孔尚任也曾在此胡同居住，并完成了名噪一时的《桃花扇》。

顺德会馆迤东后孙公园胡同内有规模宏大的安徽会馆。同治八年，李鸿章兄弟购此处扩建安徽会馆，成为淮军将领的活动基地。与其他会馆不同，它只接待一定级别的官员，政治色彩较浓。这里也是戊戌变法时期强学会的会址。今南部虽仍为民居，但北部已部分修复，据说是当地政府出资修建的。侯门深锁，未得近观，但从露出的庞然一角，可以想见它当年的气势。这里我受到一些启发，能不能把这些会馆交给当地，由其负责保护修复呢？现在有些地方似乎钱多得不知如何是好，相互攀比着修建要变成城市象征的大型广场。既如此，何不就在北京修复一个以它命名的历史久远的会馆呢？北京正为既要保护古都风貌又要解决老百姓的居住问题而头疼，只要深入这些庞杂的居民院看看，就知难度多大了。如果能有些两全其美的办法，北京也就不至于冒着挨骂的危险，一闭眼统统交给开发商一拆了之了。

安徽会馆南虎坊桥路口，是著名的湖广会馆。这里是北京唯一全部修复的会馆，有很多介绍，称颂也很多，我不赘述。作为湘军曾国藩的领地，当年与李鸿章的安徽会馆齐名，从它如今盛况可以想见安徽会馆的繁盛。如今这里日日上演国粹京剧，也常有名人聚集。我有一次在这里看戏，恰逢华国锋也在楼上观剧，观众一声声"华主席好"，华也颔首示谢，尚有天安门城楼上的余韵。

紧邻湖广会馆南侧，是福州会馆故地，后来建了工人俱乐部，自然也旧貌难寻，但从它规模看，似乎并不逊于它的北邻，可惜如今只留下福州馆街的地名。

虎坊桥和菜市口之间的一些会馆，是戊戌变法领袖人物的藏龙卧虎之地。康有为1882年首次进京应考即在米市胡同南海会馆居住。他的寓所"七树堂"在院内北部，其所居住的房屋自称为"汗漫舫"。现门前"康有为故居"和里面"七树堂"为已故的全国政协常委、中央文史馆副馆长叶恭绰所题。前述的"公车上书"之书——《上清帝书》（第二书）即在此起草，后拿到杨淑山祠召举人讨论。这次上书并未送到光绪手中，但"公车上书"不久，康有为名列进士，他以此身份连续上书，呼吁变法。作为新闻史的研究者，我了解康有为把办报置于维新变法何等重要的位置。在几次上光绪书中，他一再提出"开报馆""设报达聪"的建议，并提出："中国百弊，皆由蔽隔，解蔽之方，莫良于事。"与他同倡变法的梁启超住在离此不远的粉房琉璃街新会邑馆，他也认为"度欲开会（指组织团体），非有报馆不可，报馆之议论既浸渍于人心，则风气之成不远矣"，实际上提出了机关报的概念和其作为舆论工具的重要性。经过短期筹备，维新派的第一份报纸——《万国公报》于1895年8月17日在安徽会馆创刊。在《万国公报》的鼓吹和康梁的奔走游说下，维新派的第一个政治团体强学会于1895年11月正式成立，《万国公报》则改名《中外纪闻》，作为强学会机关报出版。

这一时期另一个杰出人物谭嗣同住在菜市口西侧北半截胡同浏阳会馆，康、梁、谭等在这里积极主张维新变法，兴学会、办报刊，使这一带成为19世纪末影响中国历史进程的策源地，也使菜市口因戊戌六君子殉难地而名垂青史。

从前的清代刑场菜市口，如今已与宣武门外大街相接，成为通衢大道。原位于北半截胡同的浏阳会馆也兀然临街。谭嗣同的"莽苍苍斋"，原来不过是寻常小屋，但在1898年的9月25日，这里却上演了中国近代史上极其壮烈的一幕。当时维新失败，慈禧兵发西郊，光绪密诏康党速离，康有为、梁启超连夜避入日本使馆，谭嗣同却将生死置之度外，深明大义说："不有行者，谁图将来；有不死者，谁鼓士气?"并慨然曰："我国二百年来，未有为民变法流血者，流血请自嗣同始。"当夜即在此屋被捕。第三天，在百米之遥的菜市口与居住在福建会馆的林旭等一同殉难。这倒也应了"广东人立言，湖南人出血"的老话。谭嗣同被害后的第十三年，孙中山领导的辛亥革命爆发，结束了清朝的命运。历史似乎在这里有种神奇的暗合。辛亥革命第二年，孙中山来京，就在菜市口大街东的中山会馆发表促进共和的演讲。共和的观点如此深入人心，以致任何反动倒退的企图再难得逞。1917年，康有为再次在这里出现时，历史无情地抛弃了他。张勋和康有为拥溥仪重入皇宫，并在菜市口大街西侧江西会馆唱戏庆贺，不过短短12天，闹剧结束。

在菜市口附近值得一提的还有几个会馆，一个是南半截胡同绍兴会馆，鲁迅1912年5月至1919年11月曾长期在此居住，潜心抄写古碑，校《嵇康集》。在鲁迅作品中多处描写过的古藤和古槐浓荫下，一个低矮暗淡的小屋蜷缩在院子角落，就在这里，鲁迅写下了《狂人日记》《孔乙己》等不朽巨著；至于鲁迅常常光顾并多次在日记中提到的广和居饭馆，已随北半截胡同一同消失。西侧不远烂缦胡同里的湖南会馆，是毛泽东1919年来京住过的地方，他在这里召开"湖南各界驱逐张敬尧大会"，成为他早期革命生涯一个亮点。宣武会馆密集，有的不过一墙之隔，长久的文化浸淫，焉知前辈给后人多大影响? 毛泽东在接受斯诺采访时，坦言早年受梁启超影响很大，他磅礴洒脱的文章风格似乎就有梁启超的影子，据说他来京时，就曾特意拜访过新会邑馆。我还踏访了位于贾家胡同莆阳会馆，这里是林则徐1812年来京居住的地方；位于棉花上六条四川会馆，则是明末女将秦良玉兴兵勤王之地。勤劳的四川人练兵之余在此广种棉花，至今此地仍叫棉花地，现在确也有一大片空地，不过将是卖楼花而不是棉花了。

根据宣武区规划，从宣武门、菜市口直至南护城河的大街要建一条传媒大道，从历史看是有其文化渊源的。实际上宣南一带就是清代邸报京报林立之地，到民国仍有不少，如泾县会馆内李大钊、陈独秀《每周评论》编辑部、邵飘萍《京报》馆等均在此附近，只是知道的人很少罢了。

宣武星罗棋布的会馆是宣南文化的载体，当然宣南文化的内涵也不仅于此，比如这里还有众多的名伶故居、商号名铺、青楼茶园等，都构成了宣武独特的文化内涵，也是研究北京历史不可或缺的资料。我这次在宣武拍摄照片200余张，算是2003年的立此存照。可能其中的一些景物在不远的将来就不再存在，如同我在20世纪末拍摄的如今叫平安大街的地方。

北京典当业踏迹

全 水

鲁迅先生在他的《呐喊》自序里有这样一段叙述：

> 我有四年多，曾经常常——几乎是每天，出入于质铺和药
> 店里，年纪可是忘却了，总之是药店的柜台正和我一样高，质
> 铺的是比我高一倍，我从一倍高的柜台外送上衣服或首饰去，
> 在侮蔑里接了钱，再到一样高的柜台上给我久病的父亲去买
> 药……

鲁迅先生在这里讲的"质铺"，有些地方叫"当铺"，即典当业。

解放前夕，随着剥削制度的垮台，靠剥削为支柱的典当业亦随之倒
闭，解放后在城乡即已绝迹。青年朋友们只有从小说、戏剧、电影里得
到一点当铺的印象。那么典当究竟是怎么一回事呢？

在旧社会，人们在急需用钱时，有的是去借高利贷，有的则把自己
家里值钱的东西拿出来，送到当铺去押当。当铺按新旧成色、质地好

坏、贵重与否论价。所谓"当半",是说即使是全新的物品,当价最高也就是原价的一半;其他只有几成新的,当价就更低了。押当人还要按月付利息。当物期满时,要本利还清,才能赎回自己的物品。若到期还不起本利,即作为"死当",由当铺变价卖掉。这是一种以抵押物品为形式的高利贷剥削。

历史渊源

典当业的起源,在我国距今已有上千年的历史。西周及春秋战国时期的人质,即是典当业的萌芽,稍后又以物为质。据考,南北朝时就有典当的有形组织了。其初本为僧院主持,仅属慈善性质,以济贫救灾为宗旨,称作"长生库"。以后由富商经营时,便叫"质库",也有叫"典肆""质肆""解库"的。北京近代,便叫"当铺"。典当业的源起与沿革,在《后汉书》《南史》《资治通鉴》等书上均有记载。

唐代大诗人杜甫有一首《曲江》诗写道:"朝回日日典春衣";北宋张择端的《清明上河图》中也出现了当铺的画面;宋、元戏典中又屡屡出现典当内容的戏,如《王定保借当》《寺僧经营长生库》;曹雪芹在《红楼梦》里写了薛蟠开当铺、王熙凤私放高利贷等,这些都说明典当业的兴起在我国源远流长。

从古代至解放前夕,典当业为什么能经久兴盛发达?这与典当时手续简便,不要保人,放款额可多可少,还款日期较长,且不问质款用途分不开。还有一个重要的原因,那就是它在每个时期都能受到官府或当政者的庇护。因为它既能向官府纳税,又能以"便民""救急"作为招牌,合理合法地进行高利贷剥削。而有些官绅,本身就是典当行的后台老板——股东。

清初,朝廷规定:"官不经商",取意"官不与民争利"。但内务府官员与宫中太监，大都以放款取息的形式，成为北京当铺的主要财东。20 世纪 60 年代初期在故宫文华殿举办的曹雪芹生平展览会上，曾展出清嘉庆年间查抄户部侍郎兼军机大臣和珅的档案，在没收和珅家产的清单上，里面有"当铺 75 座，资本 3000 万两"一项，可窥一斑。

清初北京典当业大多是由外地人经营的；鸦片战争后帝国主义开始侵入北京，当铺虽被抢掠，但损失不大；1900 年八国联军进攻北京时，全市当铺均被洗劫焚烧，无一幸免；之后，经过一段时间的恢复，当行又有所发展，而且出现了山西人经营的"山西屋子"（"屋子"即当铺）；辛亥革命中，典当业又遭毁灭性打击；但 1912 年至 1930 年，这二十八年为北京当业的全盛时期。新兴的北京帮合力把"山西屋子"挤垮，成了名副其实的"北京屋子"，当时有 70 余家。

1931 年"九一八事变"至 1937 年"七七事变"，政局的动荡使北京典当业日趋衰萎，处于勉强维持阶段。"七七事变"后不久，日本侵略者觊觎典当行，曾企图强迫京、津、唐三市典当业与日本大兴、裕民公司（日本质屋）"合流"，实则吞并。京、津两市典当业同业公会全体会员开会，决定"宁可倒闭，决不合流"，使日帝对京、津当行无从染指。日帝看京、津当行强迫不行，便在京、津一带由日本宪兵队批准日本人、朝鲜人合开"质屋""小押"（日本当铺），采取期限短、利息高、当价大、押当票、贩毒品等办法，以图挤垮中国当业。因此，延至 1940 年以后，北京的当铺就陆续倒闭了。1945 年日本投降前夕，北京只剩下三十几家。

日本投降后，当商们以为好梦可以重温，把希望寄托在"国军"身上，许多总管重新聚集资本，准备复业。孰知国民党统治下的物价飞涨和乱发金圆券，货币贬值，打破了当商们的幻想，至 1948 年解放前夕，北京典当业便覆灭了，再无一家当铺残存。

高高的柜台内

在北京 20 世纪 20 年代前后典当业的昌盛时期，由于当商们齐心合力挤走了外地人，达到了当权上的联合，因而在当行的内部组织、铺房结构、铺规、手续、程式、习惯等方面也做到了协调一致，形成了典当业独特的经营方式。

北京当铺的招牌，是在铺门前的旗杆或牌坊上挂着一个当幌子。后来因怕妨碍交通，有的当铺又把幌子改成"云牌""雨牌"，均每日按时摘挂。

当铺的柜房是对外的营业室，迎面一字栏柜，柜台有五六尺高。鲁迅先生在《呐喊》自序里说，"质铺"比他"高一倍"，不是夸张的说法。因柜台过高，柜台里设有高二尺左右的踏板，是营业员站着的位置。柜房是穿堂式的，前后设门。后门处供奉着财神。柜房内还设有放当票、登录本用的大桌，整理当衣当物用的卷当床、钱串，账房先生、出纳员用的放账桌、管钱桌，以及管家们坐的客座等，各有其用，等级分明，绝无混乱。

当铺的主要设置还有库房、客房。库房周围建有高墙，窗棂坚固，空气务求流通，有号房与首饰房之分：号房是保管当进来的衣服、财物的库房，一般占地三四十间；首饰房是用来保管珍贵物品的库房，又是内账房，是铺内重地，非指定的专职人员不能擅入。除此，尚有住房、饭房、更房等等。

等级森严

北京典当业的人事组织，全市完全一致。当铺的业主是股东，下设：总管（总经理）——受股东的委托（也有总管兼股东的），监督一切对内对外事务，对外交际，内谋发展，筹划资金的流动，报告股东营业状况等，皆为总管应尽之职。

代管（总管的助手）——受总管委任，代行总管一切职权。

经理（当家的）——督管柜内一切业务，职员的升调、聘免，以及资本的周转，营业的发展，都负全责。对外应酬，出席同业公会，亦由经理任之。

副事（二当家的）——襄助经理一切事务。

襄理（三当家的）——职权与副事同。

头柜（大缺）——由经理特聘。只负责柜前营业之责，鉴别货物，酌定价格，设法使其交易圆满成功。每日二餐时，头柜居首席，以示优待。

二柜（二缺）——襄助头柜一切业务。大当铺也设有三柜（三缺）、四柜（四缺）的，其职分与二柜同。

采八角的——其职务在总揽一切杂务，职分有面面俱到之意。

大包房达（亦称包衣达，满语杂役头目）——总务及库房负责人。

二包房达——协助大包房达一切事务。

账桌——是当铺的重要职务之一，有正账（会计负责人，精通业务）、帮账（专司写票、登账等）之分。

小包房——属助理员性质，营业期间，如叫号、归号、入库、校对等，均是应尽职责。

学买卖的——即学徒，负责卷当、取当、抹桌子、掸柜台、沏茶倒水，晚间还要磨墨、贯牌子，写当字（当铺的字有独特的书体，让外行人不易辨认）、练算盘，一天工作十七八个小时，十分辛苦，疲劳不堪。

厨子与更夫——这是受剥削最重的下人了。厨子白天做饭，夜间还必须与更夫倒班守夜（只守前半夜）；更夫除夜间巡守，白天还要协助厨子做饭、打杂。他们还要共同负责铺房的卫生清扫，开门、上门，开饭时给人盛饭等，地位极低，收入极微。

当铺的营业人员，职务分明，等级森严，各司其职，绝不许僭越，即使是一条坐凳，也不许乱坐。

当铺内工资差别极大，当家的工资高，按股分红，掌柜的分红分钱也极多，到了徒弟、厨子、更夫那儿，每月也就只有几元钱了。年终结账分红时，这些下等的店员、杂役所分无几，完全是根据当家的印象好坏分配。分不到几个钱不打紧（厨子、更夫一个零钱也分不到，每月就是三五元的工资），还常常遭到当家的严厉训斥，甚而借故辞退。当家的要想辞退人，就说："咱二位新鲜新鲜吧！"你就得卷铺盖卷儿走了。这些整年整月吃、住都在铺房内，每天累死累活的下等店员、杂役，两手空空地离开了当铺。当时在全市当行内流传着这样的顺口溜：

一年四季春复夏，

就怕年终"说官话"，

当家的怀揣记事珠，

耳听"谢意"心害怕。

"开张大吉"

北京当铺开张，有一种传统的仪式，如同演戏一般，即由当铺老板指定本当铺内新来的童子学徒，扮作押当人来当铺当几件或谐音、或取意为吉祥如意的物件，当铺掌柜的如仪走一趟当物的过场：报账、卷当、穿号等，然后归号入库。入库之后，这几样东西便成了"镇库之宝"。这种仪式，取意为"开张大吉""利市吉祥"。开场戏演过之后，即可正式营业了。

当铺的当户，多因病困急危、婚丧嫁娶、亲友交际、日常家用而出入当铺。根据北京的特点，大致可分如下几个阶层：

大宅门，即从前的富户，后来家道中落者。所当大多是贵重之物。当物之多，当价之巨，利息之厚，均为当商们所欢迎。

中等阶层以下的老住户。这些人大多有相当职业，但平时不善储蓄，开支又不肯轻意缩减，偶遇意外事故发生，即无法应付。去告贷亲友吧，又顾全面子，只好出入当铺了。

大、中学生。北京为全国文化中心，学校林立，外省市赴京求学的学生很多。这些学生大都家庭富裕，按理不该跑当铺，但京城学生交际活动较多，靡费较大，手头拮据时学生们就把身边的东西往当铺里送，假期回家时再向家里讨钱赎回来。取赎守时，当铺也欢迎。

劳力界的贫苦百姓。这些在旧社会最底层的劳动人民，大都劳力少、人口多，些微收入不但不能温饱，稍遇天灾人祸，就有潦倒殒命的危险，为生存计，只好将家里用的、身上穿的，所有能拿出去典当的，都送出去当了，却又往往赎不回来！其状之惨，悲苦已极。

当铺收的当物，大致有以下五类：估衣，包括皮、棉、单、夹、纱各种衣服，也包括戏衣、片、衣料与丝绵被褥；

首饰，包括金、银、珠、石、镶嵌等各种首饰；

铜锡，凡铜质、锡质各种器皿均含在内；

钟表，各种座钟、怀表、手表、挂钟等；

杂项，凡古董、字画、家具、瓷器等均在内。

三百六十行，当铺的营业方式，独一无二，不同于任何行业。当铺业务，分收当、赎当两项。收当，或衣物，或首饰，经当家的"过眼"（看货识货）、"磨买卖"（讨价还价），成交以后，高声唱叫写票"报账",即可"卷当""穿号",然后等待归号入库。赎当也有固定的手续,按"花取名册"(按收到的取赎单据随来随登,不排次序的名册)由徒弟登上代号(徒弟一入当铺即有代号,多取吉祥如意之词,始终不改,便于检查差错),往号房取当物。待账房先生将票据、赎款核对好以后,即将当物发还典押人。

当行内有一种特殊语言,行外人称之为"当话"。使用的目的,是使押当人听不懂,以避免因押当人的身份、当物的质量、价格等说不清而引起纠纷。"当话"多是谐音,有的只说声母不说韵母。一般人听不懂,但听得多了,就能掌握它的规律,也可以听得懂。当行内收当报账、取当报号时,均拖着悠长抑扬的腔调,颇有韵味。

当铺的营业时间也非常特殊。北京当铺的对外营业时间是:春季早7时至晚6时;夏季早7时至晚8时;秋、冬季是早8时至晚5时。除个别当号年关延长营业时间(此时也正是一些穷人急困过不了年关之时),多捞一把外,平时绝不敢拖延,因当行是:一怕强盗二怕贼。

当铺供"号"神

当铺特别怕强盗、窃贼,因此必须有一整套防盗办法,巡守制度很严,铺房建筑像铁桶一般。

当铺还怕火灾,怕潮湿,怕虫害。可笑的是,还因怕耗子而敬奉耗子。

为此,他们采取了种种措施。

首先是防火。俗话说:水火无情。一场大火,会把价值几十万元的架本变成一把灰烬。老板们怎肯坐以待火?须严加防备。辛亥革命后,一个专为当业火保险的组织——京师当业思豫堂保险公益会成立了。这个组织是典当业同业公会办的,加入火保险的当铺必须按现有架本每月提取六厘作为保险费，如遇火灾及意外非人力所能抵抗的损失，即可享有保险，由思豫堂赔偿损失。此组织在日本投降前后，随典当业的衰败而倒闭。

在政局混乱时，当商们为确保无虞，还把一些当物中的奇珍异宝送到东交民巷租界地保存。

除防盗、防火外，当物的妥善保管，也是当行的大事。

防潮防虫，这是不容忽视的，尤其是对衣物、皮货，稍不注意即有发霉虫蛀的可能。因此，存放当物的号房，在结构上既要考虑到防盗、防火，又要考虑到通风、防潮、防虫蛀，取放物品时还要顺手方便。号房内要按时检查（对点当物），注意平时通风，还要每年两次抖皮衣。一次是在立夏以前，一次是在秋分以后。皮衣只能抖晾，不能日晒。抖晾时每日从早四五点至上夜，工作量相当大。除由包房达率徒弟几人进行外，遇有严重损坏、虫蛀的，还要找人修补。干一天活，又脏又累，资本家为确保当物的管理质量，准包房达和徒弟吃一次客饭、洗一次澡，笼络人心。

老鼠，这个在街面上被人人喊打的小小生灵，在当铺内却被奉若神明，称作"号神"被供奉起来——试想，如果当物被啮，价值连城的宝物受损，当商们怎么能受得了？但在那愚昧落后的年代，奈何不得横行的老鼠，只好把它们当神灵供奉在神位上。每月初二、十六是祭"号神"的日子。这一天，小徒弟们要格外殷勤，他们在自己贫寒的家里，哪一个人不打死几只老鼠？可是，在当铺内却要装出虔诚的样子。可惜，小徒弟们的心思是放在供品上的。不等"号神"光顾，小徒弟们便紧忙撤下供品，分而食之了。

这正是：

初二的供桌十六的神

号神的祭品徒弟们分

残酷的盘剥

本文开头提到鲁迅先生从小出入当铺、药店之间，那是旧社会潦倒贫困之家受当铺高利贷剥削的一个典型写照。鲁迅先生出生在一个破落的士大夫家庭里，家境的败落，再加上父亲常年久卧病榻，为了糊口，为了给父亲治病，使他从小受够了当铺质屋的奚落和白眼，饱尝了人间的疾苦。北京近代的当铺剥削，同鲁迅的家乡绍兴一样，也像一把刀子似的搁在人们的头上。

北京当铺的利率和期限，随政局变化略有浮动。1900 年前利率月息3 分（3%），当期 36 个月（三年），"过五"计息，即由原当日按一个月计息，到了次月 5 日亦按一个月计息，到 6 日即按两个月计息，依此递推到 36 个月零五天为期满，36 个月第六天即为"死当"。当铺内如有熟人亦可"留月"（延期一个月），亦可"信当"（值多当少）。

辛亥革命后二三年内，利息有所提高，期限缩短，但不久仍改为月利 3 分，期限变成 24 个月，仍"过五"计息。

1929 年南京政府规定月利 1.66 分，外加栈租 9 厘，共为二分五厘，当期为 18 个月，改变"过五"计息，即由原当日起到满足一个月，按一个月计息，次月第一天到十五天按一个半月计，次月第十六天到满两个月按两个月计，递推至第 18 个月时，不再让五天，过期即"死当"。此法一直沿用到日本投降以后。"死当"的物品即被当商们出售，出售的估衣，利润为当本的 20% ~30% 。

可怜穷苦人，或因贫病交加，或为人所逼，或为债所迫，或因天灾人祸，而又借贷无门时，明知是饮鸩止渴，但也只好从身上脱下来衣服

（往往是十冬腊月）送去押当，又常常赎不起，变成"死当"，只好冻着。即使是东借西凑，勉强付利赎回，却又滚了一身阎王债！

有一人力车夫，因当一副手镯，搭上了一家三口人的性命。旧社会的人力车夫，属卖苦力者，收入微薄，且朝不保夕。穷人家福不双至，却常常祸不单行，妻子和女儿一齐病倒了。要治病没有钱，要去押当，家里早已没有一点值钱的东西，实逼无奈，他跑到一位远房亲戚家借当。亲戚借给他一副银手镯，讲定归还日期，并答应付利息。车夫拿到手镯急忙送去押当，当了一点钱，然后跑药铺抓药，急如星火，总算救活了母女二人，可是，当票到期时，他却无钱赎当，尽管他跪地磕头请求宽期，可那当铺掌柜始终不肯发一丝善心，终于使这副手镯成了"死当"。那位远房亲戚也是限期索回的，听说银手镯成了"死当"，翻脸不认亲，声称那是他们家祖传的家宝，不还不行。一日催要三次，大吵大闹，砸锅摔碗，后来竟扬言要经官，车夫又几次去当铺跪求，回答仍是同前。车夫左思右想没有出路，用尽仅有的几个钱，去药铺买了砒霜，掺在粥里，一家人同归于尽了。

像这样的惨象不知有多少！

当铺，表面看是急人之所难，其实他们只认一个"钱"字。不仅对外人如此，对他们自己的伙计也是如此。有个当铺店员叫李仁，年轻时就在当铺账桌上卖命，仗着年轻又能干，一天工作十七八个小时不下账桌，打算盘磨得手指上长了茧子，账面不许有丝毫差错。天长日久，积劳成疾，到了40多岁上，得了肺痨病，双眼也累坏了。狠心的老板，见他已无油水可点灯了，一脚踢出大门。此人无家可归，生计已绝，风雪之夜，冻饿而死，倒在马路边。

苦了穷人，却富了资本家。他们用从穷人身上刮的脂膏，养肥了他们自己。北京的刘禹臣，一人就开十几家当铺，不光北京有，天津还有他的分号，房产、地产无数，仆人、家丁几十名，一餐酒席，不知挥霍多少金银。

像这种状况，谁人不痛恨？因此，社会上只要一有风吹草动，当铺便首当其冲：兵荒马乱时，常有强抢当铺的举动；放火烧当铺的事时有发生，放火人不光有负债人，有的就是当铺自家的店员，可见矛盾之深。而当铺老板们，此时个个都是提心吊胆地打发日子。有剥削、有压榨，就必定有反抗，这也是必然规律。

典当业作为历史陈迹已经过去几十年了，早已被时代的洪流所淘汰。然而，作为今天新时代的年轻人，研究一下典当业的发展、兴起和衰亡，对于了解旧社会、了解历史，特别是了解阶级和剥削，是一部生动的活教材。

京城当铺遗址

———
董宝光

过去老北京有句俗话："穷死不典当，屈死不告状。"说明旧社会典当行业对典当者剥削得极其残酷，使人无法承受。所以从 1949 年北平解放后，人民政府即下令取缔典当行业。传统相声《当行论》中，模仿当年当铺的营业员长声慢气地和顾客讲话，以及报账时好似念昆曲韵白，故意拿腔作调贬低典当物品的情况。虽然艺术表演有些夸张，但大体上符合历史情况。

新中国成立前，当铺在北京的经济生活中占有重要地位。在爱民街（原名旃檀寺）西侧有两条胡同，旧名分别系前当铺胡同和后当铺胡同。可见当铺与北京人经济生活关系之密切。

经过 60 年之沧桑，昔日当铺之铺面多已不存，保存至今日者诚属吉光片羽。所以今日尚存的当铺遗址，亦有珍贵的文物价值。

据笔者所知，目前北京尚有三处当铺遗址，且均在东城，现简述之，以供同好参观考察和研究。

宝成当铺

此当铺位于东总布胡同，当前西口把口路南，现地址为东总布胡同62号。近年因南小街扩展马路，东总布胡同西侧被拆除一段，62号院遂显露在西口把口。其临街外墙高约5米，东西宽约16米，厚约0.5米，青砖到顶挑灰灌浆十分坚固。外墙一直上延至房檐以上，在屋顶上方形成一道一米多高的护栏墙。

临街共五间铺面房，每间宽约2.8米，进深约7米。最靠西边的一间系当铺正门，门洞宽仅1米，高不足2米。门楣上方系半圆形拱券，其上方嵌一砖雕横匾："宝成当"，最上方护栏墙顶部建一圆形装饰物。门洞侧面墙内有沟槽，内装左右两扇推拉式铁门。门洞以内系包有铁皮的两扇厚木门。从门闩的卡环可知，门闩之直径当在20厘米以上。

其余四间屋，每屋临街开一矩形窗，窗宽约1.2米，高约2米，窗台距地面约1.1米，窗顶部为弧形拱券（瓦匠称之为木梳券，因其状类木梳背也）。窗侧面墙内有沟槽，内装左右两扇推拉式铁护窗板。

房柱子外侧沿外墙砌一砖垛子，直达护栏墙并高过其顶部半米多，望之类似城墙之雉堞。整座当铺颇似一座小城堡，墙高且厚，铁匣门窗，防守严密，外人很难进入。

此当铺旧址现为居民大杂院，已难窥院内之原貌。当前靠东侧的外墙已开裂。占用此建筑的一商户现贴出告示：拆迁甩卖。

万庆当铺

万庆当铺位于南锣鼓巷，后圆恩寺胡同西口把口南侧路东，旧门牌系南锣鼓巷3号。临街外墙系青砖到顶，南北宽约35米，约占八开间；

高约5米，且高出屋檐一米多，形成一道护栏墙。靠南侧的四间房，每间宽约4.5米，进深约5.6米。两房之间的柱子外侧建一砖垛子，沿外墙向上，且高过护栏墙半米多，类似城墙之雉堞。

靠南的第三房系当铺正门，门洞高约2.2米，宽约1.3米，上槛起平顶扇面券，其上方嵌有砖雕匾额，上书"万庆"二字。匾上方建一象征性门楼，探出墙面约30厘米，清水脊覆灰筒瓦，磨砖雕花的檐椽构件。正门的南北两侧各有一门，三门等高。南侧门宽约1.3米，北侧门宽约2.2米，门楣上方均系弧形拱券（木梳券）。新中国成立后，这三处门洞均用砖砌死，但门的轮廓清晰可见。

近年有关部门在其正门前置一黑色大理石说明牌，现转录如下：

据1940年中国联合准备银行调查室编写的《北京典当之概况》记载："万庆当铺，位于南锣鼓巷3号，成立于民国二年一月，注册资本为14000元。有职员共8个，经理为郭润田。"当时京城当铺以铺掌姓氏著称的有"常、刘、高、董、孟"五号。万庆当铺属于"当铺刘"掌管。南锣鼓巷东西两侧的达官显贵，是万庆当铺的主要客户。

解放前，万庆当铺因衰败关闭。2006年8月，万庆当铺墙重新整修，露出"万庆"两个字。墙面上三处门洞为万庆当铺的店门，仍保存较好，现当铺铁门密封在墙内。

（下略）

门楼胡同的当铺旧址

在东直门内南小街门楼胡同东口内路北，有一座气势恢宏的当铺，其现地址系门楼胡同5号和3号，两座街门实为一体。临街一面墙，高约 5 米，东西宽约 30 米，厚约 0.6 米。青砖到顶，角柱石为巨型花岗岩条石，屋内进深约 7 米。

位于最西侧的 5 号街门系当铺的正门，门前有三级石阶，上下槛及西侧门框均系巨型青条石砌成。门洞高不足 2 米，宽不足 1 米。门洞侧面墙内有沟槽，内设左右两扇推拉式铁门，门洞以内系两扇包着铁皮的门，既厚且重。门楣上嵌有青石匾额，上镌：

民国六年重阳

泰和别馆

李焜垾建

在此门的上方有一瞭望台，在其南侧和西侧的护栏墙上，分别有两个和一个"十"字形的瞭望孔。大门内上方有一楼口，循梯由此可登上瞭望台，进行瞭望和守卫。

3 号街门略靠东侧，距东墙约 10 米。门前亦有三级石阶。门洞高约 1.9 米，宽约 1.1 米，上下槛及两侧门框均系巨型花岗岩条石砌成，十分坚固，双扇大门包有铁皮，门洞墙内未设置推拉式铁门。

外墙正中嵌一汉白玉说明牌：

北京市东城区文物保护单位当铺旧址

这座泰和别馆犹如一座极其坚固的小城堡，可谓固若金汤，森严壁垒，防范极为严密。面对盗匪和火灾，可保无虞。

据附近居民介绍，瞭望台上之瞭望孔犹如炮孔，大门上之瞭望台好似敌楼上之炮台。当铺主人姓李，故附近住户称其为"炮台李"。民国时期，当铺主人将此建筑售与一军阀，用作住宅，对院内房屋做了改建。所以仅有城堡式的围墙、瞭望台和铁门等建筑还保留了当年当铺的遗址。新业主在东侧又辟了一座街门，即今天的 3 号院门。因此时已不用作当铺了，故 3 号院门墙内未设推拉式铁门。多年来院内变为大杂院。

笔者在采访中，遇到一位耄耋老人，解放初期即住在此院。据他介绍，此院外墙系用糯米浆拌石灰砌砖筑成，真可谓铜墙铁壁。

结束语

上述三座当铺遗址，其共同特点系均建有既高且厚的外墙，门和窗的墙体内均设有推拉式的铁门。而这些正是防盗、防抢、防火的必要设施。当铺的外墙顶部均有高过屋顶的护栏墙，这相当于城墙上方的女儿墙，既可阻挡贼匪越墙入内，又可作为瞭望台使用，遇到紧急情况，站在护栏墙后也可进行观察和守卫。而门楼胡同当铺的瞭望台，则使得其防卫功能更强，其外墙之坚固厚重更非另两座当铺可比，可谓是一座旧时当铺的标本。

盖因进当铺总非光彩之举，典当者羞于遇见熟人，所以当铺多设在僻静街巷。然而名净金少山平时将戏装押于当铺，令其妥善保管，俟演出前支取包银再赎回使用，则系个别情况。

旧北京的保镖业

吴国洋

北京前门大栅栏一带，从明朝永乐年间以来，逐步发展成为经济繁荣、商业发达的闹市区，虽历经 500 余年却长盛而不衰，至今依然是北京的繁华所在。以保镖护院为职业的行业——镖局，也在这里兴起。它对稳定这一地区的社会秩序，保护商业繁荣、铺户的财产和人身安全起着很大的作用。那时，北京城里较有名气的八大镖局都集中在前门一带，其中京都会友镖局最著名。

镖、保镖、走镖、镖师和镖客

镖，亦称飞镖、金镖和斤镖，是古代兵器的一种。一支镖足有 1 斤多重，外形略似扎枪头。镖头尖利，用钢锻制磨砺而成，是一种用手投掷的暗器，可以伤害较远距离的对手。过去，凡是干镖局这一行的人，都练就了使镖的过硬功夫，长此以往，"镖"就成了保镖行业的代名词。后来，随着社会的演变，"镖"的含义更演化成了被保护的对象，贵重货物、金银珠宝、大宅院和重要人物，都被称为"镖"。保护这些对象的人，就称为"保镖的"。随着社会的发展和经济交往的频繁，为避免货物横遭沿途盗匪的抢劫，确保货物的安全，货主需要雇用一些武艺高强的人来保护，于是保镖业应运而生。起初是一些颇有武功的人，自备手推车住在客栈里亮出替人"保镖"的牌子，等候客人雇用，待讲好条件后，便可装货随主人推车上路。货物安全抵达预定目的地后，他们便可得到一定的报酬。这就是"保镖业"最早的雏形，或称为"跑散镖"的和"跑游镖"的。后来众多情投意合的武林兄弟组织起来，合伙立个字号，备有马车、轿车，专为客户运输贵重货物，这就形成了"镖局子"。

镖局的业务，大体可分三大类。一是"走镖"，它是镖局的头号买卖，用现代语言来描述，就是"负责押运"。《水浒传》中有一段蔡京的女婿梁中书给老丈人送生日礼物，怕路上被"盗匪"抢劫便派青面兽杨志押解生辰纲的故事。不过，那是"官运"，而"镖局子"则完全是民间的组织。最早走镖用的是手推车，称为"镖车"。车上装货以后，还要插上"镖旗"。"镖旗"分不同颜色，代表各镖局的字号，江湖上的人，只要一看镖旗便知道是哪一家的镖车。后来手推车换成马车，保镖人全副武装骑马跟在车后，镖车起程和遇到歹人拦劫时，保镖人照例要"喊镖"（即用特殊的声调和语言，喊出镖车的去向、自己是哪一家镖局的镖车、保镖人姓名等）。到了民国年间，保镖人干脆连马也不骑了，改为随车"保驾"，有点儿像现在的火车押运员。保镖人肩负重任，一路上不得有半点儿疏忽大意，因为货物一旦有什么"闪失"，镖局要包赔损失，若货物很值钱，整个镖局的财产都有可能赔进去。可见保镖风险甚大，不但有倾家荡产的危险，还随时都有性命之忧。

镖局业务的第二类，是被雇用替官僚、富商、财主以及外国人在中国办的银行商号看家护院，防盗防劫，行话叫作"守地"或"坐夜"。当时，北京的一些公共场所，包括宝局（赌场）、娼寮（妓院）等常乃是非之地，都花重金雇有保镖，以事弹压，维护秩序。

镖局业务的第三类，就是承担保卫某些官僚、富商、政界要人的人身安全的工作，行话称为"跟班儿"或"护身"。

镖师，是指在保镖生涯中，有较深的资历、丰富的经验、超群的武艺，在江湖上颇有名气和威望，如遇"不测"则能随机应变的人。也可以说，镖师都是属于"师傅级"，可以带领部分人独立完成保镖任务的成手。有句老话叫作"走镖吃一线之地，护院守一箭之地"。就是说，保镖的要靠自己的功夫打出来一条路线，要靠自己的武德和名气结交出来属于自己势力范围的一块地盘。

镖客，则是对从事保镖行业人的统称。但有时往往专指那些年纪轻、资历浅、武艺尚不成熟，保镖还缺乏足够的经验，不能独立完成保镖任务的徒弟和学手。

保镖业及京都会友镖局

镖局作为北京的一种行业出现，大体上说当在清代。那时，进镖局子并不是一件容易的事儿。北京城乡练武的很多，能在镖局谋事的却寥寥无几。要想进镖局，一要有超群的真功夫；二要有可靠的武林高手出面介绍；三要有知根知底的人作担保；四要有不怕掉脑袋的胆量。四者俱备，才能吃上保镖这碗饭。

在镖局谋事比较其他出卖苦力的劳动，按说是比较舒服的事。只要别出事，保镖每月可挣四五两银子，年终柜上要是赚了钱，还可以分点红，自然是"当家的"吃头份，一般人分不到多少。而外出"走镖"和"护院""跟班儿"的人，还可以捞点"外快"。赶上雇主是个慷慨解囊仗义疏财的主儿，要是一直顺顺当当不出什么事，或是在保镖过程中保驾脱险有功，还兴许赏保镖的一些银两，一二十两也是常有的事。此外，镖局的内部关系不像一般做买卖的那么刻薄，都是在一起"玩命"，没有严格的等级制度和高低贵贱之分，因彼此不是师兄弟，便是师徒关系，说起来也都是一家人，讲究哥们儿、爷们儿义气，不至于为分钱多少之事而扯破脸皮。不过镖局里也有一套大家自觉遵守的局规。没有差使的人员一律在局子里等候差遣；白天在柜上，除了吃饭的时间之外，就是练武；到了晚上，该"坐夜""守地"的便纷纷到各家商号守卫去；若派到谁去"走镖"，谁就得去，就是有天大的危险，也要义不容辞，不许推三托四，等等。

京都会友镖局坐落在前门大栅栏粮食店街南口路西，方圆几里之内店铺林立、商贾云集，凡到北京的人，提起来都知道京都会友镖局的大名。

京都会友镖局于 1845 年创立。创始人宋彦超，字迈伦，河北省冀县赵家庄人氏，江湖上称为"神拳宋老迈"。宋彦超自幼受伯父宋奇斌（武庠生）和堂伯父宋奇彪（武举人）的教诲，9 岁学武，练就了一手刀、弓、马、步、箭、拳术，20 岁中武举。他遍游名山大川，后遇武林名家乔鹤龄，投于乔的门下，习"三皇炮捶"拳械。乔鹤龄辞世后，宋迈伦闭门三年深研拳路，独创"夫子三拱手"绝技，后来进北京投"大清神机营"效力。由于他武功超群屡建战功，被钦赐五品顶戴。宋迈伦英风侠骨为人豪爽，善于交结天下英雄好汉，深受武林人士的敬重，在众朋友的拥戴下，由宋牵头创立了"京都会友镖局"。"会友"即含有以武会友、取信天下的意思。

会友镖局之所以享誉北京城，一是因为它规模大、人数多；二是成立时间较早，经营时间最长；三是讲究信誉深孚众望；四是富有爱国精神。1860 年英法联军入侵北京时，宋迈伦曾率领会友镖局的众弟子为保卫前门大栅栏重要商业区而付出过血的代价，被世人传为佳话。

宋迈伦在京期间曾授徒百人。上至王公大臣，下至贩夫走卒，他都有教无类一视同仁。他心授其德，身传其艺，人得其惠。他的弟子孙立亭、焦凤林等曾被聘为著名爱国者、中国铁路工程奠基人詹天佑的贴身护卫。宋迈伦后与八卦掌的创始人董海川交为莫逆，他们重视武德修养、珍惜友谊、互授弟子、志节清高，被人们称为北京武林中的两大奇人。

会友镖局汇集着燕赵和京城的一些武术名家、武艺出众的镖师，给会友镖局平添了许多光彩。宋迈伦年迈后，返回冀县老家休养，镖局的事便由其高足孙德润、张殿华、于鉴继承。当时，南北各地挂"会友"牌子的足有二三十家，属镖局介绍的走镖、护院和人身护卫的师兄弟、师徒有千余人。可是常在镖局柜上看家的只有 20 余人，有总管事的照应门面洽谈业务，镖局里的人管他叫"当家的"。当时在张家口一带设有会友镖局的分号，专走西北路镖，人称"北会友"；在河北省冀县马头镇也设有一个分号，专在滏阳河一带走镖，人称"南会友"。按镖局的规矩，镖局本号与分号是师兄弟或师徒关系。南北会友镖局走镖数十年从无"闪失"，因而威名远震，深受客商行旅的信赖。

会友镖局有个不成文的协议：不管你原来练过什么拳械，只要进了"会友"的门，就必须演练"三皇炮捶"拳械，把此列为"会友"的看家本事。何谓"三皇"？其说不一。一说是指"三才"，即天、地、人；另一说是盘古开天地之后的"三皇"，即伏羲、燧人和神农。在北京流传的"三皇炮捶"皆为宋迈伦及其弟子于鉴所传，后来又逐渐演变成"宋派"和"于派"两个门户。当时的"三皇炮捶"门人多云集于北京和南、北会友镖局。他们以武会友切磋技艺，为发扬和繁荣中华武术而共同努力，深受华北江湖武林同道的赞誉。后来，老镖师于鉴应聘赴山西太原，孙德润、张殿华老一辈镖师也相继去世。镖局业务便由江湖上称为"四大亭"（又称四大金刚）的孙立亭（孙德润之子）、王兰亭、王豪亭、王显亭共同掌管。他们团结同道，以德为本，以信为上，各尽其责，继承了老一代镖师的遗志。于鉴镖师到山西后，在比武中多次击败当地的武林高手，还曾用单掌击倒过阎锡山的副官长、武术教练李德茂，因而名震山西。后被推举主持太原国术馆，同时在山西省定襄县河边村任武术教习，直到1938年与世长辞。

于鉴武术造诣颇深，在京期间传授弟子甚众，其弟子大都集中在前门大栅栏、珠宝市、西河沿、肉市及永定门内外等处。其中著名的有：铁罗汉王福全、大刀陈永清、大刀刘德胜、大枪侯金魁等。他们继承了会友镖局的技业，配合镖局"管事的"四大亭，为维护"会友"的声望和信誉，为保卫北京前门一带的社会秩序和经济繁荣做出了积极的贡献。在民国六年（1917），张勋复辟打进北京，辫子兵四处烧杀抢掠，而前门外大街因有"会友镖局"的威名，又有众镖师分兵把守，辫子兵硬是没敢进入，使这一带商贾免遭一场劫难。

北京镖局业的尾声

1937年，卢沟桥畔响起了枪声，北平很快沦陷于日军之手。在敌人的铁蹄下，到处兵荒马乱，烽烟滚滚，人民饥寒交迫流离失所，华北经济日益萧条。北平前门一带的商业也每况愈下，普遍呈现不景气，镖局门前更是生意冷落，越来越没有事情干。于是，会友镖局在20世纪30年代末正式宣布散伙，原镖局旧址改为货栈。镖局的镖师、镖客们也自谋生路各奔前程，年纪大的回家养老，年轻的分散到华威、金城、中南等银行、八大祥商号，以及"大人物"家当护院保镖和贴身护卫去了。

从此，镖局行业一蹶不振，逐渐从人们的记忆中消失。

中华人民共和国成立后，原京都会友镖局的最后一代镖师，受到人民政府的重视和关怀。他们又重返武坛，为振兴中华武术而活跃在城市和农村。他们悉心传授技艺，为武术的繁荣而竭尽全力倾注自己的心血，使中国武术这一古老的民间技艺得以发扬光大，世代相传。

老北京的赛马会

———
杭思源

北京之有赛马会，可以远溯至清朝末年。这里所说的赛马会，不是我国传统的赛马，而是所谓西式的赛马，也就是说，通过赛马形式进行赌博活动。

大约在清宣统末年，顺天府划给北京西绅俱乐部一块土地，200 多亩，地处西便门外的莲花池。当时，该地还很荒凉。赛马场建成后，给莲花池附近带来了季节性的繁荣。赛马场附近建了几座小型西式洋房，就那时郊外很少西式房屋来说，还是很引人注目的。

清末民初时，北京可供观光、游览之地不多，许多名胜和皇家庄园都是禁地。因之，赛马活动成了外国人欢度周末的良好场所。

一

我是蒙古族人。先父爱马，又由于我生肖属马，先父总爱给我买些与马有关的玩具。老人家不时说些有关马的故事给我听，受此影响，我自幼就对马产生了好感。那时，北京街上骑马的人和马车穿梭往来，络绎不绝。我上街时，总要对各式的马端详一番，遇机会还要问问它的主人，用以判断我对某匹马的特性认识得是否正确。但直到我随先父去参加赛马活动，才真见了大世面。

我记得那是 1927 年的春天，我们由前门西车站坐火车前往。赛马场距莲花池火车站很近，下车后步行不久就到了。赛马场很热闹，大门外有卖香烟的、卖小吃的，还有小饭摊儿。场内就更有意思了，有中国人、外国人，还有不少农村打扮的人，熙熙攘攘，笑语喧天。先父边走边告诉我说："这里的马，都是好马。回头你一看就知道了！马和人一样，首先要有精神。一般来讲，好马是昂首竖耳，大胸脯，小肚子，肌肉丰满，毛片光泽，小腿腕部稍细。这样肺活量大，有耐力。但也有的马看起来并不觉得特别出众，可是它却有日行千里的能力。"接着又给我讲了伯乐相马的故事。当时，我才九岁，懂事不多，唯唯而已。

莲花池赛马场地呈圆形状态，周长约 3 里，木制为栏，内、外栏相距 20 米，木栏漆成白色。紧挨圆场东侧建有露天看台（先是砖木结构，后又分改为砖混结构），高 5 米，长 120 米。露天看台北侧，是一座砖木结构的两层楼房。楼上是"西绅"看台，楼内装饰整齐、干净，通过前部的玻璃窗能对整个赛马场一览无余；靠窗一侧是几排桌子，上铺白色桌布，配有带背的软椅；楼房后部有酒吧，名酒罗列。楼下前部可供观览赛马，后部则是冷餐制备室。楼后小院是厨房，有西餐名师制作餐点。一局跑完，获胜者呼酒唤菜，觥筹交错，欢笑不已；失利者有的垂头丧气大呼负负，有的晃动拳头表示非挽回败局不可；旁观者睹之，不觉莞尔。但这种享受并不是每个人都能获得的，只有"西绅"和极少数"中绅"才有进楼的资格，就是普通外国人也难得进楼。

在这露天看台和二层楼的后侧还有不少建筑物。

售票室为砖砌平房，前面下部是坎墙，上部是玻璃窗，装有小活门，以利售票；办公室在一进入大门的对面和北侧，是十多间的西式平房；马厩在场东南侧，还有常任骑师、饲养人员的宿舍；磅房在马厩左侧，马在参赛前都要过磅，如果在这一级别里的马重量稍轻，那就要"贴重"，就是按所差的重量用铅片做成块状物装在马鞍上的口袋内，用以平衡参赛马的体重；遛马场是磅房前的一块空地，参赛马在完成一切准备后，即在此由饲养员牵着溜达，一来可供大家临场参考押注；二来使马能在赛前做准备活动。

二

下面再来谈谈有关赛马和赌马的情形。

赛马场参赛马的来源有二：一是西绅俱乐部赛马场的公有马（其中有中国马和西洋马，正式竞赛时西洋马与西洋马同赛，中国马与中国马同赛）；二是个人的马委托赛马场饲养、训练和参加竞赛，平时马的主人也可以骑骑锻炼身体。总的来说，这里的马都是好马，即或有较次之马，几次跑不出成绩来，也就被淘汰了。

骑马师分为三类。一类是专职马师，由赛马场聘请，专司训练马匹，参加竞赛，指导饲养人员工作，这类马师以西洋人为多（北京沦陷后，逐渐为日本人替代）；另一类是普通马师，在专职马师领导下训练马匹，参加竞赛，这类马师里中、白俄、日等国人都有；还有一类是自家的马，就在场中自己调训，自己参赛，但这样的马师为数极少。

赛马活动每年在春、秋两季进行，每季约三个月。在此期间，每星期日进行一次，事前通过新闻媒介、海报等手段公之于众。由于是在星期日进行活动，到场之人甚多。逢活动之日，赛马场预先印好当日参赛马编组材料，内容是：A. 场次，B. 马名，C. 磅数，D. 骑师名，E. 竞赛距离，等等，以供参考。在正常情况下，每次竞赛 10 场，每场参赛马 10 匹。竞赛开始时，参赛骑师可以施展骑术使马快跑，但绝不能使用马鞭，否则即是犯规，取消该场参赛资格；直到将抵终点前的一段距离，看到设有固定标志，指令可以用马鞭时，才可以策马疾驰……当事人绝对不许给参赛马注射或服用兴奋剂，否则一经查出要受到经济上的严厉处罚和在适当时间内停止其参赛资格。然而赛马既然是变相赌博，就避免不了弊端。最常见的是骑手"座票"，即以马的能力、骑手技术等某号马本可能领先到达终点，可是由于骑师们不轨而爆出冷门，竟由势劣的马领先到达。尽管这种情况不多见，大家也都明白是"座票"了。因谁也不可能完全掌握马的临场竞技状态，在正常情况下人们只能根据以往参赛记录推测胜负，有时则不着边际地"撞大运"。

三

以赛马为名，如何进行变相赌博活动？

每场赛马前，只要参赛马一在遛马场出现，售票室即打开小门开始售票，票额分为 1 元、5 元、10 元。票的种类分为：独赢，即只限跑第一的马匹获奖；座位，即跑第一、第二，甚至第三的马匹都获胜；预猜，即可以预先猜想哪两匹马可以获胜，哪匹可以跑第一，哪匹可以跑第二，只有第一、第二均猜对，而且马匹的号码也对才能获胜。

在以上三种马票中，以独赢马票获胜希望最大，由于售出的票数量多，相对奖金分配数额就要少，以 1 元马票为例，有时只能多分几角钱；座位票获胜面次之，奖金分配不太高；而预猜马票则因难度大，奖金也较高。但如果爆出冷门，不论是独赢、座位、预猜，奖金数目那就可观了。

有人要问，既然马票奖金不太多，为什么还有那么多中外人士参加赛马活动呢？我想，其一因春、秋季节正是游览的时候，到赛马场走走，既可散心，又可赌赌，弄好了还可捞些"外快"，何乐不为？其二是有些人纯为寻找刺激而来，参加赛马活动可令人一天都呈兴奋状态。您看吧！那边，马刚一起跑，这边看台上的人就沉不住气了。中国人也好，外国人也好，都全神贯注，瞪直了眼。这边喊"×马加油"，那边叫"×马快跑"。尤其是到了该加鞭的时候，露天看台上的人们比骑师用的劲还大，又是嚷，又是拍掌、拍屁股，甚至跺脚。一旦马到终点，胜负已定，则叹气、惋惜者有之，兴高采烈者有之，顾盼得意者有之，种种表情，不一而足。那时的人（当然我也在内）总是有侥幸心理，总想来些方便之财，一天下来，搞得好点儿，小打小闹也能弄到百八十元。反正甭管什么原因，每次赛马，场中的人总是很多的。

"西绅"看台楼上，则另有一番天地。在那里就座的人们除了购买马票外，还进行个人之间的赌博，当然赌注多少就由他们自己决定了。据说一个季度下来，仅为之服务的茶房每人可分到小费 400 多元，其赌注之巨也就可想而知了（当时一两黄金约 90 多元）。

赛马活动中还有摇彩，也叫"抠豆儿"。有几场赛马，就有几场抠豆儿。最初的摇彩方法很笨拙。即在一个直径 80 厘米的大铜球内（有活门，旁边装有摇把），装着所有售出的彩票号码，架在特制的铁架上，用人力充分摇转后，一掀活门，就落下一个刻有号码的球来，这个号码就是中奖的号码。但这个号码还不能决定奖次。另有一个小铜球，直径不过 30 厘米（或更小些），其构造与大铜球相同，其中装有应中奖等次的小球，每摇出一次大球中的号码，就摇一次小球，以定等次。如落下"一"，就是一等奖，落下"五"，就是五等奖，依此类推。

四

有一个疑问在我心中存了许久，马票也好，摇彩也好，是不是有作弊的情况呢？经过多次观察，除了骑师、马主们有时相互勾结，进行"座票"外，在赛马场方面很少有作弊情况。一来，赛马会本身有严格的规章制度，用中、英文写在白漆木牌上公之于众，并由"西绅"组成董事会监督实施；二来赛马会本身就是绝对不会赔本的盈利单位。按其章程规定，赛马会要从售出马票、摇彩票中扣除管理费（我记得大约是15%），每天即可收入5万元。而赛马场中的员工，只有固定骑师、饲养人员、少数行政财会人员和看门人等是按月支领工资，其他绝大多数人员都是预约临时工（即星期天赛马时上班，不赛马时不去，并不影响其正式工作），场内也不需要大量的维修费用，赛马会足可应付支出而有余，因此他们也就不必去作弊了。

我断断续续参加赛马活动十五六年，至今难忘的有两件事。一次是我14岁时去参加赛马活动，带去了50元钱，只两场就输得只剩下5元钱了。第三、第四、第五场，我只看不买。正当第六场遛马时，我突然发现一匹枣红马，只见它昂首、挺胸，尾巴有力地来回摆动，那副跃跃欲试的神态，引起了我极大的注意。好！就是它。可是这匹名叫"胜利"的马却多场没跑过好成绩，我不由得又犹豫起来。"它这回是3号马，看有多少人买它？"我一边想着一边赶紧跑到售票口附近去观察。见的确没多少人买3号马，我下了决心，豁出去了，输掉5元没得怨，步行几十里回家吧！赢了嘛，那就是我判断无误。我把手伸进售票口："您给5元独赢。"但手还未撤回，停止售票的铃声响了。等走到看台时，马已起跑，我紧紧攥着马票，身在看台却不敢看马跑。只听见别人说："多亏我未买3号马，您看这稀松劲儿。"我不能不看了。一看，吓！倒数第三！也就在这当儿，它奋力几步竟超过前边两匹马。我真急了！我顾不得体面了！"3 号马加油呀！"我大叫了起来。3 号马也未负我所望，又超过了两匹马，直冲终点。我激动得好像害了一场大病，瘫了下来，只听耳边大家嚷嚷着："冷门！没有'座票'的冷门！"我激动得潸然泪下，坐在看台上竟起不来了。几分钟后，我才慢慢走下看台，找个僻静处休息了一会儿。10 分钟后，我拿到了 285 元。由于从一开始就养成了获胜不再赌的习惯，我拿上钱放在衣袋中，头也不回地出了大门。

另外一次，是在大红门赛马场，带去的钱，输得只剩 1 元了，而场上业已赛完八场。按人之常情，我别无选择，只能用 1 元作为回家车费。可是，我横了心，毫不迟疑地买了一张摇彩票，号码是 2266。我这时身上一文不名，觉得摇彩票不过是碰大运，绝无希望，但既买了，就等着结果吧！我也无心看第九场赛马了，心中忐忑不安。虽早秋天长，但也时届下午 4 时多了。那时，我家在交道口迤北居住，距大红门赛马场少说也得六七十里，步行要半夜才能到家……我真不敢想下去了，便找了个地方坐下来，静候"绝无希望的希望"。第九场赛下来，跟着就是摇彩，扩音器中不断地报告着中奖号码和奖次。忽然扩音器传来了我自己也不敢相信的声音"2266"，接着又传出了"二等奖"。是我听错了，还是真的？我全身震了一下。呀！糟了！彩票放到哪里去了呢？遍寻无着，急得大汗淋漓。哦！在这里，原来在墨镜盒里。我用手紧紧地攥着，生怕被别人抢走似的。我迫不及待地走向摇彩处，黑板上已揭示出来了："2266，二等奖，获奖数额 1440 元。"毕竟年龄大些了，也沉得住气了，我长吁了一口气，装成漫不经意地走到领奖处。"给！2266号，二等奖。"我若无其事地将彩票递给了工作人员。

"恭喜您，二爷！您发财了！请您稍等一下。"那人边说边将彩票交给了他身后边的人员去办手续。几分钟后，办公桌后边的人交给那工作人员一沓钞票。他利落地点了一下说："您看！这是 1440 元。"他手中拿着钱在我面前晃动，可就是不交给我，只说："二爷！您发财了！"这时，我才明白过来，何必让人家把话说穿，自己应该"外场"点嘛！我立即说："大家同喜！那 40 元零头就送给各位喝喜酒吧。""谢二爷！"几个工作人员几乎同时喊了起来，那人亦将余下的 1400 元送到我的手中。要知道当时黄金每市两（16 两为 1 斤的小两）约 200 元，无怪他们同声道谢啦！

五

"七七事变"后，"西绅"赛马会起了些变化，那就是大批"东绅"拥了进来。这些以战胜者自居的人对赛马很感兴趣，他们参加赛马活动的人很多，大量马匹及日本骑手也挤入赛马场。后来，不知何故又在大红门附近修建了一个赛马场，规模较莲花池场地大，建筑质量却差些。由于某种原因，我去大红门赛马场次数不太多，对它印象不太深刻，只觉得在摇彩方面有了改进。日本投降后，1946 年春季，北京又恢复了赛马活动，并搬回莲花池老地方，大约只办了两季就停止了。

北京早期电影业和一个电影放映世家

———

侯希兰

北京何时有电影的

北京最早出现电影是哪一年？至今说法不一。

据《中国电影发展史》（程季华主编）记载："1896 年 8 月 11 日，上海徐园内的'又一村'放映了西洋影戏，这是中国第一次放映电影。"又载："1902 年 1 月，北京也放映了电影。"据此，可视为北京最早出现电影的年月。然而，也有人认为，"光绪二十二年（1896）八月在北京文明茶园放映了西洋影戏，这是北京最早放映的电影"（据杨桦、任自斌撰《老北京的电影业》）。对比这两种说法，笔者较倾向于后者。

1895 年 12 月 28 日，法国里昂的青年实业家路易·卢米埃尔在巴黎使用他发明的"活动电影镜"，放映了《墙》《婴儿喝汤》等几部世界上最早的影片。卢米埃尔于 1896 年雇用了 20 多名助手，经过培训分别派到世界各地去放映他的影片。这和中国最早出现电影的年份是相符的。上海固然是中国最大的商埠，但作为清朝最高统治者的所在地，全国政治、文化中心的北京，卢米埃尔派出的放映队不光顾北京，似乎不大可能。当然，以上仍属推测，尚不足为据。在没有取得进一步旁证之前，这里权且录以备考。

1904 年，慈禧太后 70 寿辰时，英国驻北京公使进献一架放映机和数套影片祝寿。在宫内放映时，仅映了三本，摩电机即发生爆炸。慈禧认为不祥，从此，禁止在宫内放映电影。1905 年，出国考察的五大臣之一端方从国外带回一架放映机。1906 年宴请载泽时放映电影自娱，并令何朝桦担任讲解。映至中途，放映机又猝然炸裂，何朝桦当即毙命，多人受伤。须知，操作放映设备要有一定的技能和操作程序。汽油、影片都是易燃物，没受过任何训练的大臣给慈禧、王爷放映电影，精神之紧张可想而知。操作时手忙脚乱，始终蕴藏着隐患。因此，这两次事故的发生便不难理解了。

北京的早期电影业

北京电影业的发展很快。1902 年，有一外国人携带放映机和影片在前门打磨厂福寿堂放映电影。1903 年，中国商人林祝三自国外带回影机和影片在打磨厂天乐茶园放映电影。他是第一个从国外进口影片的中国人。此后，大栅栏的大观楼、庆乐茶园、三庆园，西单市场内的文明茶园，东安市场的吉祥戏园，西城新丰市场（口袋胡同）的和声戏园等，也都相继放映了电影。

最初，电影还不是一个独立行业。放映场所大都是借用。因为影片短，往往和曲艺、杂耍等穿插进行。有的则像现代影剧场，如吉祥戏园，有时演戏，有时演电影。那时，每部影片只能映十几分钟至二十几分钟，都是无声黑白片。内容也很简单。如著名作家郑逸梅撰文说：

"片子内容无非是一艘大轮船，自烟波浩渺处开来，越开越近。看到乘客的活动，熙熙攘攘，上上下下。其实，观众只需看到这些动态，已觉得无比新奇满足了。又有所谓滑稽片，也无非是一个闯祸者逃跑，人们和警察一起追捕，闯祸者在慌急中撞倒行路人，撞倒了小贩的货摊等等。祸越闯越大，行人和小贩协助追拿，终于把这闯祸者抓到。这闯祸者做出许多丑怪乞怜相，观众为之哈哈大笑，认为很是滑稽，带着满意的心情离场而去。"我国早期自行摄制的戏曲片，也都是一些武打和舞蹈动作较多或富于表情的戏曲片段。新奇有趣的电光影戏一经问世，便吸引了北京广大观众，受到了广大民众的欢迎。那时在茶园、戏园放映电影，不但场内遮光效果不好，而且送茶水的、卖香烟瓜子的、扔手巾帕的走来走去，场内乌烟瘴气，秩序很乱。但观众对此却习以为常。

位于琉璃厂土地祠（现南新华街小学原址）的丰泰照相馆是1892年开业的，也是北京最早的一家照相馆。它的创办人任景丰，沈阳人。青年时代曾在日本学习过照相技术。照相馆生意十分兴隆，拥有照相技师和学徒十余人。后来又在大栅栏开设了大观楼影戏园。任景丰感于当时在中国放映的都是外国影片，而且片源缺乏，于是产生摄制中国影片的念头。1905年，任景丰从德国商人在东交民巷开设的一家祁罗孚洋行购得法国制造的一架木壳手摇摄影机和14本胶片，开始拍摄影片。

丰泰照相馆拍摄的第一部影片是著名京剧表演艺术家谭鑫培主演的《定军山》中"请缨""舞刀""交锋"等场面。当时为了利用日光，是在照相馆中院露天拍摄的。摄影师是本馆的照相技师刘仲伦。拍摄3天，共成影片3本，可放映20分钟。这部短片是我国最早的一部戏曲片，也是中国人自己摄制的第一部影片。此后，丰泰照相馆从1905年至1908年先后拍摄了谭鑫培主演的《长坂坡》，俞菊生、朱文英主演的《青石山》，俞菊生主演的《艳阳楼》，俞振亭主演的《金钱豹》《白水滩》，许德义主演的《收吴胜》，小麻姑主演的《纺棉花》。这些全部是戏曲剧目中的一些片段（折子戏）。这些影片都先后在大观楼、吉祥戏园等处放映过。1908 年，丰泰照相馆着了一把大火，从此结束了它的制片事业。

此外，意大利侨民劳罗于 1908 年 11 月在北京拍摄了纪录片《西太后光绪帝大出丧》。该片在上海放映时，"在篷帐（放映场地）外挂大字横幅，大肆宣传。什么宫禁是怎样的森严，排场是怎样的豪华，举哀典礼又是怎样的隆重，是千载难逢的机会……实则镜头不多，且距离很远，画面模糊。但已作为精彩项目加倍收资。观众你挤我拥，争取先睹为快"。1909 年，法国百代公司派摄影师到北京拍片。他们曾租用广德楼（现前门小剧场）作为拍摄现场。聘请著名京剧武生演员杨小楼表演《金钱豹》，何佩亭主演《火判官》等剧的片段。完成后曾在西城和声戏园及天乐茶园等处放映。

那时的北京是个消费城市，手工业虽然比较发达，但重工业极少，科技和现代化工业的发展远不如上海。而影片生产的过程中，对科技和工业水平的要求是很高的；再加上北京是封建统治的中心，历来有强大的排斥外来事物的守旧势力等诸多因素，因此，自 1908 年丰泰照相馆停业到北京解放的 30 多年间，北京的制片业始终比不过上海。而上海，仅在抗战以前，先后就建成过大小 50 多家电影制片公司，几乎包揽了全国的影片市场。

从北京最早出现电影到 1921 年我国自行摄制出最早的三部长故事片（《阎瑞生》〔10 本〕、《海誓》〔6 本〕、《红粉骷髅》〔14 本〕）止，这段时间，可视为我国电影业的早期发展阶段。在这一时期里，进口片多于国产片；摄影和放映设备几乎全部是进口的；编导摄制人员大多是半路出家，还没有形成一支具备相当水平的队伍。又因为影片短，且多在戏园、茶园、游艺场等处作为一项杂耍节目放映，所以没有一家专业的电影院。就连北京最早建成的一所电影院——大观楼，也因为同时还演戏，而起名为大观楼影戏园。所以当时放映业还没有形成一个独立的行业。直到20世纪20年代初才开始有了较大的发展，这与长故事片（每场1小时以上）的出现和上海制片业的大发展是分不开的。到1937年抗战前，除大观楼外，北京先后已有了东单美琪（现儿童电影院）、东安门大街的真光（现儿艺剧场）、米市大街的青年会（后改为红星，现已拆除）、东四西路南的荣华、隆福寺东口的明星、灯市口大街的飞仙、西单商场北的民众、绒线胡同的中天（后改为大都市）及天桥影院等多家专业电影院。此外还有多家兼营电影的剧场，如吉祥戏园、广和楼、西单商场二楼的游艺厅、宣外大街江西会馆内的小剧场，包括曾被开辟为杂耍场的前门箭楼上、北城的钟楼上，除演杂技、魔术外，也都兼映电影。这时，北京电影放映业已初具规模。

钱家哥们儿与电影结缘

随着电影放映业的发展，北京出现了一些有名的放映师，如中天影院的宋万友、真光影院的罗明发、江西会馆的张德山等。此外，还出现了一些放映世家，如天桥的钱秉南家、钟楼的陈乐亭家及后来的田文志家等，他们大都是全家或两代以上从事电影放映工作，为北京电影放映业的发展做出了很大贡献。下面所介绍的钱氏家族，就是其中一个很典型的电影放映世家。这个家族的兴衰，从一个侧面反映了北京电影业的发展。

说到钱家哥们儿几个与电影业结缘，不能不先从天桥说起。20世纪初的天桥，是个五方杂处、热闹非凡的地区。这里不仅有繁华的商品集市，而且是老北京人娱乐的主要去处之一。在这块不大的地面上，评书馆、马戏棚、杂技场、落子馆、唱大鼓的、说相声的、耍猴的、踢毽的、练叉的、变戏法的等各种卖艺场所，少说也有 200 多处。在众多的杂耍者当中，有个叫钱兴武的，经营着一个鲜为人知、在当时又很时髦的营生。他的资本就是一架手摇留声机，一个木盒上有个大弯喇叭，放上唱片，上紧发条，便能发出悦耳动听的音乐。唱片有谭鑫培、杨小楼等著名演员的京剧唱段和其他一些乐曲。那时收音机还没有在民间出现，这玩意儿在人们眼里无疑是个奇迹。一曲放完，便向围观的人讨些小钱，居然也能维持生活。后来，逢有红白喜事、堂会、商号开张营业等，很多人也都请他前去助兴。

钱兴武有四子一女。女儿行二，青年早逝。老大钱炳南生于 1899 年，从小就随父亲在天桥一带讨生活。钱家子女多，生活很贫困。老大稍长后，经人介绍，便到城南游艺园电影场去学放电影。

城南游艺园建于民国初年，由北洋政府时期曾任督军的李准（时称李军门）投资，仿照上海大世界的功能兴建的。经理是东人彭秀康。城南游艺园位于现在的友谊医院一带，占地面积约 2 万平方米。东西长，南北宽，园门设在东北角面对香厂路。门票大洋 2 角，进门后不再另收费。格局分南、北两部分。北部由东而西并排四个大剧场：坤戏场（都是坤角演戏）、文明戏（话剧）场、魔术场、电影场；西端横向开设一家具有广东风味的饭馆，名"味根园"。南北两部分之间是立一东西走向封闭式的大通道廊，通道内设有各色的食品摊、水果摊、儿童玩具摊，五花八门，琳琅满目。南半部分东端有弹子房（台球）；西端是杂耍场；中间是花园，园内遍植奇花异草，假山、回廊、古亭、小桥流水，夏秋季荷花飘香，游人可以在这里品茗赏荷，别有情趣。据钱家老四振兴师傅说，那时城内的治安由"大令"负责。所谓"大令"者，便是身穿黑色警服、腰扎皮带、右胸前抱一块 1 米长、0.3 米宽木牌的人。那块木牌的上端刻画一凶猛的虎头，五颜六色，它相当过去的"上方宝剑"，象征着某种权力：遇到特殊情况时，对违法者可以先斩后奏。"大令"前面是一个挎大刀的警察开路，后面第一排是两个扛长枪的警察，第二、第三排是四个扛警棍的警察。那警棍长有1.5米，上圆下方，上黑下红。"大令"和警察行进时迈正步，威风凛凛，招摇过市。市民或游人见到后，远远躲到路边。钱师傅曾亲眼看见，有一次一个带手枪的游人进门不买票，还掏出手枪威胁，正巧"大令"赶到。这个人被抓住后，当场砍了头。"大令"用绳网把人头挂在电线杆上示众，看了令人毛骨悚然。1925年，坤戏场出过一件坍楼的事故，摔死一位观众，多人受伤，当时曾是北京的头号新闻。由于这次事故，游艺园停办了一个时期，不久虽然恢复开放，因不景气，没几年就关闭了。如今上了年纪的老北京人提起城南游艺园，仍然津津乐道。

钱家和电影结缘，与老大钱炳南学会放电影是分不开的。那时，在天桥八大怪之一"云里飞"的滑稽说唱场地边上，有一个放映活动电影的。1926年，这个人因故要卖掉放映机，钱老大听说后就把它买了下来。从此，他辞去了游艺园的工作，教二弟、四弟放电影。老三振华在一家报社当排字工人，因为身体不好，离职后便在大哥开的中华电影院做些辅助工作，不过这是后话。

买到放映机后，从小富于闯荡精神的钱老大不愿再囿于天桥这个小天地，他把目光移到了北京城这个大社会。民国以后，北京的娼妓业比清代更为发展、普遍，尤其是韩家潭等八大胡同里，聚集着众多的头等妓院（清吟小班），于是这里自然也就成了文人墨客、名门望族、富商巨贾、官僚军阀的会集地。钱老大带着他的兄弟们跑到韩家潭的头等妓院去放电影。由于新奇，很受欢迎。那时一本影片百米左右，相当于现在一本的三分之一，可以放映3分钟左右。每放完一本收银圆两角。收入虽然不错,但这里终非久留之地。钱老大把两个弟弟带出来之后,自己就到飞仙电影院当放映员去了。钱老二、老四哥儿俩则到遍布京城的庙会上去闯江湖了。

一支独特的电影放映队

自电影问世以来,"电"和"影"似乎是不可分家的。其实也曾有过例外。那时笔者在白塔寺庙会上就曾看过一种无电的"电影"。那是一个用黑布蒙住的封闭式帐子,高和宽近 1.5 米、长约 4 米。帐顶周围下垂着半尺宽、白布包边、水纹形的装饰布帘,正面缝有白布剪成的"大众可观"四个大字。帐外两边各放一排长条凳。帐壁两侧各开四五个长方口,两边各有一小铁环。人坐好后手拽住铁环可避免帐壁忽闪。眼睛贴在口上便可看到帐内一端挂有如电视荧屏大小的银幕。另一端帐外,一个人操作放映机。记得那次看到一男一女在床上打架,男人掉在地上,站起来,似要向床扑去。因动作极慢,只这几个动作,5 分钟已到,电影结束。若再看,需再付钱。

这种放映机需要拆掉灯箱,只留机头部分。使用时调整好方向,让阳光直射影机片门,光线透过影片射到银幕上。操作者用摇把摇动影机,影像便活动起来。如停止摇动,便成"定格"。这种电影都是黑白片,无声,故事无头无尾,影片看上去很暗,所以很怕阴天。尽管如此,仍使那些从没看过电影的贫苦市民和进城的乡下人惊奇不已。

钱老大买的那台放映机,是一台法国产手摇小百代牌放映机,可用普通灯泡作光源。钱氏兄弟为了提高放映质量,对设备不断进行改造和创新。最初也只是以自然光线为光源,为了解决光线暗和受来往游人挡光影响的问题,自幼聪慧过人的钱老四,在机前竖起一丈多高的竹竿,竿顶放一水银镜,调整好方向把阳光反射到机前另一块镜子上。在这块镜子和片门之间适当的位置放一块（凸透）聚光镜，这种连柴草也能引燃的光束平均照到片门上，使银幕亮度比原来高出好几倍。

后来，为了能在阴天和室内放映电影，他们又采用电石（乙炔）灯作光源。用一个干粉灭火器大小的高压瓶，用气筒打气加压，使电石灯的喷嘴气流加快；又用铁窗纱和气灯用的石棉网做一半球形网罩固定好，使喷嘴火焰直射网罩。这种光源亮度已相当于白炽灯。由于优质的放映效果，很多大宅门办堂会都请他们去放电影。在将近十年的时间里，老二和老四除了在堂会上演电影外，每个月还要拉着排子车，出没于隆福寺、护国寺、白塔寺、土地庙、花市等各个庙会和集市，最远的要到门头沟煤矿。哥儿俩十分辛苦。

可以说，这是老北京一支独特的流动电影队。

办起自己的电影园子

老大钱炳南并不甘心只当个放映员。当兄弟四人齐心协力，手头有了一定积蓄之后，1933 年，他们在西单商场北侧的一块空地（现为存车处）上，租了一块地皮，搭盖了一个可容纳 200 名观众的席棚，装上长条凳，取名"民众电影园"。老大任经理，包括放映员在内总共不过六人。民众电影园业务虽然不错，但因地痞流氓、警察的滋扰和敲榨勒索，也时常出现事故。如，一天晚场，由于带座的没能及时关照，职员遭到一观众的拳打脚踢。钱振兴气不过，上去给肇事者一记耳光。因为场内黑暗看不清肇事人的面孔。当知道此人是个警察时，他们大吃一惊，慌忙回避，但已经来不及了。老大被警察局拘禁。后托一个熟识的侦缉队员朱老四说情，才避免了一次大灾。几年后，因不慎失火，烧毁了放映设备和部分影片。为此他们受到了当局的干预，只好停止营业，把席棚让给了一个朋友。

1935 年，天桥南来顺饭馆旁边有一家羊肉馆，因经营亏损停业。精明的钱老大与其经理石亮协商后决定，将羊肉馆改为电影院，合伙经营，取名天桥影院，石亮仍任经理。日伪时期，钱氏兄弟又先后买下了天乐戏园和小桃园两处剧场。这两处场地简陋，墙是荆笆抹灰围成的，顶子是铅铁板搭盖的。小桃园仍演戏，天乐除演戏外兼演电影。日本投降后又买下了临街的德盛轩，装修后改建成电影院，取名中华影院。兄弟们亲密合作，经过十几年的努力，终于把事业推向了高峰。

天桥影院可容纳 400 名观众，长条凳横向银幕，不再像戏园那样供应茶水、食品和手巾把。影院共有八名职工，其中两名放映员，其余六人负责招揽观众、收费、带座。门口有广告牌。影院最初不接待妇女，风气稍有开化之后，设妇女席，男左女右，以红灯为界。每天晚 9 点左右开场，每场每人收一个大铜子。放映半部影片算一场。半部演完时开亮场灯，不看的可以退场。这时观众有进有出。若想看下半部，须在座位上再交一个大子。所以看完一部影片实际需要两个大子。因此出现有的人先看下半部，后看上半部的情况。由于这种直接收费的办法有私入腰包的弊端，后改为专人售小竹牌作为入场凭证。小竹牌可反复使用。因小竹牌制作麻烦，又改成小纸板盖章。铅印入场券则是以后的事了。

天桥影院装的是一套法国百代牌放映机。放映员手摇发电机，发出的电一路供给电动机，一路供给一只 500 瓦排丝灯泡，一场下来，放映员十分辛苦。后来换上汽油发电机，启动后就不必管了。内燃机噪声大，可以引来许多围观者和观众，经理反而很高兴。

1934 年我国出现有声片后的相当一段时间内，是无声片和有声片混用的局面。无声片大多是武侠片，如《火烧红莲寺》《关东大侠》《黄河大侠》等。有声片多起来后，放映机又增设了还音系统。

为了节省开支，钱家从来不购置新设备，他们先后从开明戏院（现珠市口电影院)、大观楼电影院和上海片商吴杜宇手里买过三套被淘汰的设备。有技术高手钱老四在,这些旧设备不愁复原。钱家在中华影院楼上有一个车间,装有车床、钻床及钳工的全套设备,可以制造零部件,连放映机精密的关键部件——间歇运动部,也能自己制造(蜗轮、蜗杆、齿轮除外,这几样活儿,还得去天津加工)。就凭这套设备,钱老四仿照日本"罗拉"自制了多套放映机,开展起放映设备出租业务。东单的美琪、劝业场的新罗天,以至远在张家口的庆丰戏院,都租用过钱家的设备。

北京唯一的放映设备维修专业户

钱氏兄弟经过多年苦心经营,几乎形成了一个小型的戏曲、电影艺术公司。一年下来总有一笔可观的收入。他们保持着事业型的家风,把大部分资金都用于旧场地的改造和设备更新上。如把天乐、小桃园的荆笆墙改成砖墙,把铅板顶换成灰顶;把观众厅的长条凳换成长条椅等。弟兄们富裕了,生活上谁也不奢侈浪费。这是使钱家事业兴旺发达的基本保障。

中华人民共和国成立以后,在人民政府领导下,对北京的戏园和影院进行了改造。在抗美援朝捐献飞机大炮运动中,钱氏兄弟积极捐款。1956年公私合营时,他们按国家的政策把自己经营的四处娱乐场所愉快地交给了政府。老大钱炳南已于1949年因患脑出血逝世。老二钱振庆任中华经理,老三在中华看门。老四钱振兴调到北京电影机修配厂,定为八级工。十年动乱开始后,钱老二和钱老三因被定为"资本家"而被抄家批斗,"文革"后期先后去世。1978年,政府给钱家落实了政策,经济损失也给予了退赔。

如今,钱家弟兄中,只有老四钱振兴一人了。提起钱振兴这个名字，知道的人自然不多；但是提起"钱老四"，本市中年以上的放映员，不知道的却很少。钱振兴师傅今年71岁了，中等个，瘦但显得健壮。腰板挺直，看上去精气神十足。椭圆形的脸刮得干干净净，灰白的寸头直竖，愈发显得干练。说他60岁谁都会相信。他从小没上过学，9岁开始跟大哥学放电影。1981年从北京电影机修配厂退休。因应厂方之请培养一批青工，直到1984年他才正式离厂。钱老四是个心灵手巧的人，一种在放映业很走俏的新式检片镜（北京电影机修配厂生产），就是他发明设计的。他退休后，很多放映单位碰到急活、难活，总是请他去帮忙，有时半夜三更就把他从床上拉起来，他总是乐于从命，说走就走。凭他丰富的经验和高超的技术，也总能满足用户的要求。由于想闲也闲不下来，他索性领了个体执照，成为北京唯一的放映设备维修专业户。近几年来，钱振兴先后为军事学院、地震局、227厂、水电部、民族宫、第二外国语学院等很多单位安装、抢修、维修放映设备，为首都放映业的正常运营发挥着余热。

钱振兴老人子孙满堂，他的四子钱大印现在北京电影机修配厂做技术工作。这个电影放映世家，也算是后继有人了吧！

日寇占领下的北平城

曹国平

日寇占领北平后，从政治、经济和文化等各个方面强行建立殖民统治体系，残酷迫害抗日群众，妄图泯灭中国人民的抗日意志，犯下了滔天罪行。

日寇为了"以华治华"，建立伪"中华民国临时政府"，以五色旗为国旗，以北平为"首都"，下辖晋、冀、鲁、豫四个省和平津两市。北平伪政府颁布各种政令，强化对民众的控制。警察局编制保甲，实行连坐制度，强制把18岁至40岁男子编入保甲自卫团接受军训。在城区，建立"公益会"作为各街巷的基层行政机构，并随时采用突击戒严、搜查行人等手段制造恐怖气氛。对搜捕到的共产党人、抗日志士，日寇都施尽酷刑。许多人被枪杀、刀砍、肢解、剖腹、火烧、水淹、活埋、狼狗咬，有的成为日军练习刺杀的活靶。

日寇在北平建立以"北支甲1855部队"为名的细菌部队，对外称151兵站医院，本部设在先农坛，主要进行细菌生产、细菌武器研究。该部队研究和生产鼠疫苗、伤寒菌等各种病菌和各种窒息性瓦斯，培养大量带菌的苍蝇、跳蚤、老鼠在中国人身上进行活体试验。1943 年 8 月，日寇在北平南城进行霍乱细菌试验，致使金鱼池、东花市、崇外大街、西打磨厂、石景山等地发现大批霍乱患者。日伪当局谎称为自然发生，战后参与此次试验的日军供认，此次疫情是日军蓄意所为。1944 年夏，日寇对八路军俘虏注射细菌疫苗，观察身体变化，还对死后的俘虏进行解剖。

1944 年我在汇文中学读书时，学校曾组织学生到先农坛日寇细菌生产基地参观。在一个大厅内，我看到水池里浸泡着 100 多具赤裸裸的尸体。大厅中央摆放着十几张解剖人体的案子，每张案子上都有正在被解剖的尸体。有的被挖出心脏，有的被掏出肠胃，有的被肢解四肢，有的尸体只剩下骨架。在一个大的条案子上，摆放着五脏六腑，如同肉店的肉案一般，鲜血淋淋，气味刺鼻，异常恐怖。解剖人员一边解剖，一边给参观者讲解人体器官的功能和位置，但都没有说他们解剖人体的真正目的。工作人员又引导我们学生到一个非常宽大的院子，参观数百只被关在笼子里的大个儿老鼠。在一个大玻璃房子里，还有大量苍蝇。他告诉我们说，这里饲养的老鼠、苍蝇等是用来做药品效果试验的。我们也不知道被带到这里参观的目的，但参观后印象特别深刻。后来日本教官讲，这是给我们上了一堂直观的生理卫生课。

1942 年，家住门头沟深山区的李秉章同学对我们说，他的家乡是游击区，日军经常到村里以搜捕八路军为名枪杀青壮年。为了切断村民与八路军的关系，数次强迫村民从山里搬出。农民以种地为生，老老少少几辈子都住在山里，搬出去如何生活？所以村民都不愿搬，因此惹火了日军。这年冬天，日军突然将村子包围，把村子里的人集合在一起，审问村民为什么不服从日军命令。有的用棍子打，有的用刺刀捅，当场就活活打死几个人。有的人乘机逃跑了，他的爷爷奶奶以及其他没有跑掉的男女老幼都被赶进几间大房子里活活烧死。他们村和附近几个村子的房子也都被烧毁，变成了无人区。日寇挨村挨户强迫群众迁移到指定地点，拒者捕，违者杀。被强迫迁移到指定地点的村民被日军像牲畜一样控制起来，只允许在三至五里范围内进行耕作，白天出去，晚上必须回来，没有任何自由。

日寇在军事统治的同时，又组织"中华民国新民会"，制定"对支宣传策略纲要"，其方针是：消灭中华民族的民族意识、制造奴隶文化、提倡复古和强调反共。"中华民国新民会"打着"中日亲善""日华共存共荣"和"建立东亚新秩序"等幌子，通过各种宣传手段宣传日本国如何神圣、日本人如何仁义、日本如何援助中国，对中国人进行"思想战"，实质就是奴化教育。为了控制中小学老师和学生的思想，日寇又成立"新民青年实施委员会"。该会负责审订学校教科书，查禁抗日书籍，组织以"新民主义"和"中日亲善"的作文比赛。还开办"师资讲肆馆"，经考试合格后才被允许执教。日寇对教科书审订也特别严格，岳飞的《满江红》等具有民族气节的课文都被删除。历史课本中有关中日不平等条约或中日战争等内容被删除，地理课本将"东三省"改为"满洲国"。东北籍在北京上学的学生，被称为"满洲国留学生"。各中小学都派驻了日本教官，强化日语教学。此外还向日本派遣留学生，对学生百般笼络，以图让他们死心塌地为日本卖命。

日本发动全面侵华战争后，便开始有计划、长时期、大规模地文化掠夺。上至国家级的博物馆、图书馆，下至私人收藏，无一例外都遭到了野蛮洗劫与破坏。1937 年 8 月 17 日，日军劫走故宫和颐和园大量珍贵文物。1944 年，日军洗劫故宫博物院所藏珍贵古籍 11022 册和北平历史博物馆珍贵文物 1372 件。1942 年 8 月，日寇搜刮了故宫金缸上镀的金屑，并掠走故宫收藏的铁炮 1406 尊。随后，日军又先后掠走宫内铜缸 54 尊、铜炮 1 尊、铜灯亭 91 座。

日寇占领北平后，还在经济上进行野蛮掠夺或强制性开发，用各种办法控制北平的经济命脉。根据军事上的需要，不论什么企业日军都霸占，交通、通信和民航都由日军管理。在金融方面，日军成立"中国联合准备银行"，强制发行没有任何储备不能兑现的纸币"联银券"，并强行规定其为中国唯一通货，禁止其他货币流通。"联银券"是掠夺中国民间财富、支持日本统治和进行侵华战争的财政工具。联银券"的迅猛发行，引起物价飞涨，民不聊生。日寇还向市民高价倾销收音机等日本产品。对市民只供应粗粮，后来只供应由麸皮、豆饼、玉米皮等制成的"混合面"。再后来，连"混合面"也供应不足，有的市民活活冻饿而死。日寇勒令大中学生参加"勤劳奉仕"活动，将学校体育场改成农田，种上粮食作物，以弥补学生口粮之不足。1941 年，日寇为准备发动太平洋战争，强制市民捐献飞机。1942 年，又强制市民捐献各种金属制品，供日军制造武器，东交民巷西口的大铁门也被拆走。为毒害中国人，还放开毒品交易。遍布北平大街小巷的烟馆膏店，躺满喷云吐雾的男女烟民。随着太平洋战争的爆发，日寇对北平的统治更加残酷，他们的滔天罪行直接戳穿了他们宣传的要在中国建设"王道乐土""东亚共存共荣"的谎言。

日本情报头子土肥原贤二制定用毒品作为武器彻底征服中国人的计划。按此计划，日本人在中国全境铺开一张制毒、贩毒大网。每个吸食鸦片的烟馆，都赫然挂着日本专营的招牌，罂粟种植者可以免除土地税及兵役并拿到奖状。据统计，伪"满州国"有近 1/3 的居民抽鸦片上瘾，日本也因此获得了大量资金，用于军费支出。这就是日本人眼中的中国问题"最终解决方案"。日本战犯古海忠之供述：1943 年 4 月他们在辽宁和吉林等地大量种植鸦片，1945 年 4 月他向中国出售 10 万两鸦片。由此可见日本军国主义的毒辣。

留困在北平的知识分子大多保持爱国传统，反抗日寇的斗争始终未断。中国大学教授蓝公武在课堂上公开宣传抗日，辅仁大学校长陈垣多次拒绝日寇高官厚禄收买，学校拒挂日本旗，不用日伪编写的教材，不将日语作为必修课。陈会讲日语，但闭口不讲。四存中学教师张孟泉在课堂上宣讲文天祥的《正气歌》，对学生进行民族气节教育；京剧演员程砚秋下乡种地，拒绝演出；国画大师张大千拒绝出任日本艺术画院院长；齐白石闭门谢客，拒绝为日寇权贵作画……在北平市内，还多次出现抗日标语、传单，国民党地下工作人员也对大汉奸多次开展暗杀行动。1940 年 11 月 29 日，麻克敌在南锣鼓巷刺杀两名日本天皇特使高月保和乘兼悦郎，致一死一重伤。30 日，北平各报都用大字标题刊登了这一振奋人心的新闻。刺杀事件发生后，北平城门紧闭，大批日本宪兵、警察见麻子就抓，白色恐怖笼罩全市。

面对日寇的残酷迫害，北平市民利用各种方式进行反抗。在共产党的领导下，北平郊区建立了抗日根据地，军民同舟共济，生死与共。人民无私支援军队，积极送子参军，不顾生死掩护军队。郊区军民还对日展开地道战、地雷战、麻雀战，使敌人闻风丧胆，举步维艰。郊区军民英勇抗日的壮举经常在市内流传，极大地鼓舞了北平市民抗日的信心。

沦陷时期的北大红楼

刘　静

　　北大红楼建成于 1918 年，本来是作学生宿舍，建成后成为北大文学院的所在，即北大一院。自蔡元培任北京大学校长，陈独秀、胡适、李大钊、钱玄同、刘半农等新文化的倡导者和传播者齐集红楼，红楼一时成为新文化运动的大本营。1919 年 5 月 4 日，爱国学生就是从红楼走向天安门，掀起了"五四"爱国运动。2002 年 4 月开馆的北京新文化运动纪念馆就是以红楼为依托，纪念和宣传"五四"新文化运动。

　　正是这座曾孕育过"五四"新文化运动的红楼，在北平沦陷期间成为日本宪兵本部及其分队所在地。到 1937 年卢沟桥事变爆发后，北京大学大部分师生都先后离开北平。7 月底北平沦陷，9 月 3 日，日军进驻北大一院及灰楼宿舍。

　　据周作人回忆："北平沦陷之后，民国二十七年（1938）春天，日本宪兵队想要北大第二院做它的本部，直接通知第二院，要他们三天之内搬家。留守那里的事务员弄得没有办法，便来找那'留平教授'，马幼渔是不出来的，于是找到我和冯汉叔。但是我们又有什么办法呢？走到第二院去一看，碰见汉叔已在那里，我们略一商量，觉得要想挡驾只有去找汤尔和，说明理学院因为仪器的关系不能轻易移动，至于能否有效，那只有临时再看了。便在那里，由我起草写了一封公函，由汉叔送往汤尔和的家里。当天晚上得到汤尔和的电话，说挡驾总算成功了，可是只可惜牺牲了第一院给予宪兵队，但那是文科只积存些讲义之类的东西，散佚了也不十分可惜。"就这样在北大红楼中国语言学系的门口，挂起了"小队附属将校室"的牌子；文学院院长室门外的标志则是"南队长室"。日本宪兵队本部"留置场"（拘留所），而在楼内的地下室里，许多爱国志士被关押在这里，遭受非人迫害，在东部刑讯室中受鞭笞、灌凉水等逼供的酷刑。

红楼的地下室在抗日战争爆发前，原是北京大学印刷厂所在地，到沦陷时期，就成了关押中国人的留置所了。一些曾经被日本宪兵关押于此、并且能够幸运地走出这个地下牢笼的人，对这一段都有难忘的回忆，也让后人对此有了一定的了解。

从建成之时起，红楼的格局基本没太大变化，地下室亦然，中间和东西两头均有上下楼梯，从中间的楼梯下去东西各有一条甬道，两侧是南北向的房间，各 16 间，两头向北延伸的甬道两侧也各有九间。

作为日本宪兵队留置所时的地下室，根据曾经被关押者的回忆，进入楼门后，从东侧的台阶下去，是一条甬道，两边全是单间屋。靠西头的两排约 14 间，是拘留人的囚室，全部改为木栅门，称为笼子。往东是刑讯室，即敌人对犯人灌凉水和拷打的地方。看守所东西头各一门，入夕则锁之，看守的宪兵分班轮值，东头的一个房间是他们休息的地方，甬道当中放了一张桌子，总是有一个日本宪兵坐在那里守着，其余的宪兵则依次巡逻，到了晚上就巡逻得更频繁。

据时人回忆："囚室单间的建筑工料精细，隔音，里面的声音不易传出。一进屋门只有不足1平方米的地面，迎门和左手两面全是用六七公分粗的四棱木排成的木栅。正面开了一扇一米高、半米多宽的笼门，笼门右下方留了一个能送进饭碗的小洞。左手方向的木栅下面，有个半尺来高、一尺多宽的木门锁着。笼子上下左右全是木板包镶，板缝全是榫子活。所有木活，全是白茬儿，不上油漆，表现出日本建筑的风格。唯一的一盏电灯，装在笼外屋门内的那一小块房顶上。小木笼门的里面，放着一只约半米高的椭圆形马桶。余下约4米见方的地板，是被押人员待的地方，一室至多容8人，但是在人多时，还要容纳20多人，坐着还人挨人，睡时侧身躺都困难。"

燕京大学教授、著名历史学家邓之诚被日本人逮捕后，被带到汉花园的红楼地下室，编入甬道南侧的14号室，根据他的描述，这间囚室有两扇铁窗，稍微有点阳光，进门的地方也是以栅栏相隔，栅栏以三寸多宽的方木制成，木头之间的缝隙仅仅只有一指宽，栅栏上留有一个小门，只有三尺多高，进门必须俯身脱鞋而入，犯人一进囚室，小门就会被锁起来，栅栏边上有一个小洞，是送饭送水的地方，栅栏小门的左上方还有一小洞，则是看守的宪兵用来巡视监察的。囚室内，地板和墙都是用木板铺成（据张东荪回忆，他被关押于红楼地下室时，曾经想过自杀，但因墙壁是木板，未遂），在栅栏上端高高地挂着一盏电灯，兼照内外，囚室里每人配有三条线毯，饭菜水碗各有一个，还有一双竹筷子，囚室一角有一个马桶，这就是所有的生活用品了。墙壁上还贴着规则四条，用中日文分别书写，关于不得谈话之类。犯人的姓名年龄写在粘着白纸的木牌上，挂在囚室门上，属本队者挂在上面，属于分队的挂在下面。

没能离开北平的北大教职员除了个别人之外，都"誓饿死不失节"，在贫困交加中，拒与日伪合作，表现出中国知识分子"贫贱不能移"的骨气。如钱玄同、孟森等。数学系教授冯祖荀在日寇侵略铁蹄蹂躏下，始终保持中国人的人格尊严。1941年12月8日，太平洋战争爆发。8日凌晨，燕京大学即遭日寇宪兵查封，燕大20余名师生先后被捕。曾被关押于红楼的燕大、辅大教授有张东荪、邓之诚、洪煨莲、蔡一鄂、陈其因、侯仁之、伏开鹏、蓝公武等。燕大、辅大被捕教授因为在国内外都很著名，日本宪兵队慑于影响没有对他们用刑。但他们在被囚期间依然备受虐待凌辱。侯仁之曾经回忆，他从天津被押解回京，在北平前门火车站下车后送到这里，未经任何审讯，就被押入地下室的一间牢房。当时，在押的燕大师生20余人均分别住在同一过道的不同牢号之中。每天下午，各牢号各出两人，由日本宪兵押着抬起恭桶到楼外厕所倾倒粪便。夜间，日本宪兵严刑逼供的审讯声、拷打声、犯人呼叫声不绝于耳，令人毛骨悚然。邓之诚记述他亲身见闻说："宪兵队审讯时，无不用刑求者，有扑责，有批颊，有拶指，有水淋口鼻，有灌水。灌水引犯者至浴室中强饮满腹，以足蹈腹，水从耳鼻口中激射而出，最为惨苦，往往有致死者。闻尚有重刑逾于灌水者，又闻有电机磨人，毫发齿骨、血肉肌肤皆成液质，实惨不忍闻。宪兵队用刑，分队尤严，往往夜间被刑者哀呼凄厉，使人心胆俱碎。"《蒋梦麟自传》也提到过，蒋曾遇到一个老学生，曾经被捕坐了两年牢，就被送到红楼地下室受"招待"，日本人把冷水灌到他鼻子里，最终使他晕了过去。他醒过来时，日本宪兵告诉他，北大应该对这场使日本蒙受重大损害的战争负责，所以他理应吃到这种苦头。他曾经连续三天受到这种"招待"，每次都被灌得死去活来。

即便不受日本人的酷刑，红楼地下牢房内的生活也极为艰难，到隆冬时节，天寒地冻，地下室内根本就没有炉火等取暖措施，人人都冻极而僵。每日也只提供两餐，每餐每人仅给两个窝头、一碗汤、一杯茶而已。不仅根本吃不饱，而且还是残羹冷饭，吃完后还会肚子痛，几顿下来不是便秘就是腹泻。由于狱中营养和卫生条件太差，又缺医少药，因此在狱中传染斑疹、伤寒的人特别多，西侧囚室里死者达到数十人。燕大教授们也大多病倒，即便幸而未死，也个个骨瘦如柴，几无人状。更令教授们无法忍受的，是日本宪兵和看守兵对他们的任意凌辱。哲学家张东荪饿得实在受不了，因此向日本籍翻译请求，结果翻译揶揄他，"知不知道这是在坐牢，还想要吃饱？"还有一次张东荪与邓之诚谈话，被看守兵发现，受到申斥，然后另一个日本兵拎了一桶水过来，把张东荪叫到门前，把一桶水都倒在张东荪身上，不仅身上的衣服都湿了，连被褥都被淋湿。

"在狱中，燕大的教授们虽然受尽折磨与威胁，但他们个个大义凛然，没有泄露机密，没有向敌人乞怜，表现了崇高的民族气节。历史地理学家侯仁之受审前，收到他的老师——史学家洪煨莲写的秘密纸条：在过堂时，日宪'先侦察思想，后侦察行为。务要避实就虚，避重就轻。学生西游之事，似无所闻'。由于统一了口径和对策，敌人一直不知道燕大学生生活辅导委员会曾多次输送学生至解放区的事。"

1943 年北大红楼被交还给当时的伪北大，当时楼下东面是院长及各系办公室，楼梯两边是教务、总务等办公室，东边还有一个小图书室。二层以上都是教室，每层中间还有教员休息室。但是红楼北面隔着民主广场、图书馆后面的北楼里，还驻有少量的日军，他们蹂躏红楼的痕迹仍然历历在目。当时进入红楼上课的学生回忆："日本宪兵队是从学校撤走了，但熄了火的烧人炉还耸立在红楼后边广场东墙下的衰草间，墙壁上黑乎乎的烟熏火燎；红楼地下室白墙上还飞溅着被关押拷打中国人时的斑斑血迹。"

倡导自由民主的北大红楼在被日本军队占领期间，居然成了关押、残害中国人的人间地狱，更拘留了传播新知、教授文明的师生，这是北大红楼在近百年风雨中经历的最大摧残。

旧北平的日军牢房

谭伊孝

1984 年我在进行文物普查时，曾发现雍和宫东边的炮局胡同内，北京市公共交通分局围墙中，有七座碉堡残迹；在张自忠路 3 号院内也发现了一座地下牢房……为弄清这些问题，我走访了一些知情人，据了解这都是北平沦陷期间留下来的。随着查阅的资料及回忆文章不断增多，一部北平沦陷时的血淋淋的历史浮现在眼前：1937 年 7 月，卢沟桥一声炮响，中国人民长达八年的艰苦的抗日战争开始了；7 月 29 日，日本侵略者气焰嚣张地踏进了北平城，手无寸铁的北平人民就此跌入苦难的深渊，开始了牛马不如的亡国奴生活。那时，北平街头随处可见碉堡、哨卡、宪兵队，无辜的中国人民被任意抓捕，关入监狱，遭受惨绝人寰的酷刑迫害。日本侵略者铁蹄下的北平城已变成了一个恐怖的世界，一座人间地狱！

张自忠路 3 号这里曾是日本侵略军在华的最高军事机关，做过日军多田部队军法部，也是日军入城司令部。当时这条街叫铁狮子胡同。

这个地方清代原为和亲王府，清晚期为贵胄学堂，后又改为海军部和陆军部。北洋军阀统治时期，此地又做过段祺瑞临时执政府，其主楼为西式楼房，楼体布满精美的砖雕花饰，雄伟壮观，中式大门。1926年震惊中外的"三一八"惨案就发生在这大门前。

1937年8月8日上午，日军约3000人从永定门进入北平并举行"入城式"后，其司令部就设在此院内。他们发布"文告"称，为了"襄助维持治安"，日军全权负责北平城的巡逻、戒严、城防、检查及逮捕等事务。此后北平各城门均由日军把守，中国老百姓进、出城都要给他们鞠躬，出示"良民证"，经搜身、盘查后才许通过，稍有违抗就得挨打、罚跪甚至遭逮捕。北京一中老校长李寿朋那时在燕京大学任助教，一次从学校进城回家要进西直门，忘了带"良民证"，守城门的日军劈头就打，同行的老师、同学说尽了好话都不行，结果把他抓起来，送到宪兵队打得皮开肉绽，最后燕京大学校长、美国人司徒雷登（当时日本还未向美国宣战）作保，才被释放。

日军侵占北平期间，设在这里的军法部负责"审判"从华北各地解来的抗日人员和日军、汉奸中的违纪人员。1942年2月，燕京大学11位著名教授以"抗日嫌疑"的罪名被捕后，就在这里受审。受审时，五位"法官"个个穿着军服，佩带军刀，全副武装，一派肃杀之气。教授侯仁之当时确曾送过一些学生去抗日根据地，但在审问中，他发现敌人并未掌握确切材料，因此很机智地应付过去了。其他人也如此。但敌人还是不放过他们，审讯后仍把他们关进监狱，加以迫害。

军法部的监狱主要在炮局胡同，但张自忠路3号院内也设有地下牢房。现在尚存一处，在中部灰楼最北那栋东端一间房里，地下有一块长方形木板，长1.5米左右、宽1米左右，掀起木板，便露出一个台阶，顺台阶走下去，可看到西边有一座厚重的钢铁大门，门内就是地下牢房。它宽4米、长6米，只在北墙顶部开一个拱形小窗，上面装有手指粗的钢条。地牢里还有脚镣、手铐等种种刑具，日本侵略者在这里不知迫害过多少无辜的中国人。现在这里是中国人民大学清史研究所。

这座大院东部是兴亚院，是日军侵华时期日本内阁设立的专门负责处理中国事宜的机构，1938年12月成立时由日本首相兼任总裁，外相任副总裁。他们在这里除对中国进行政治控制外，还大肆掠夺中国的矿产资源和工业产品，如控制中国货币，将长江南北产品运往日本或支援前线日军等等，对中国进行残酷的经济掠夺。

这座大院一度曾是日军侵华的大本营。抗战胜利后，为纪念抗战将领、民族英雄张自忠将军，遂将铁狮子胡同改名为张自忠路。

炮局胡同21号这里当时是日本陆军监狱。此地在清代为收存废炮及军器的场所，占地面积很大，整条胡同都是，当时就叫炮局。清代末年这里改作监狱，民国时亦如此，抗战期间成为日本陆军监狱。

这个监狱关押过许多有名的人物。当年著名抗日爱国将领吉鸿昌在天津被捕后，押到北平，就被关在此地，并在此英勇就义。行刑那天，他很平静，上午写了几封遗书，总结了自己寻求救国道路的不平常的经历，表达了共产党员对革命事业必胜的信心。午饭后，他镇定自若走向刑场，写下一首气壮山河的绝命诗："恨不抗日死，留作今日羞。国破尚如此，我何惜此头！"他大义凛然地对行刑官说："我为抗日而死，光明正大，不能跪下来挨枪，我死了也不能倒下！"他对刽子手大声喝道："给我搬把椅子来！"他坐在椅子上，面对刽子手说："不许在我背后开枪，我要睁着眼睛看看你们怎样枪杀爱国者！"说完他高呼："抗日万岁！""中国共产党万岁！"慷慨就义，年仅39岁。

日军侵华期间，这里的西院是河北第一监狱外案犯人临时收容所，东院是军法处监狱。

军法处监狱，戒备森严，既不"放风"，也不"放茅"（上厕所），被关在这里的人，除被关牢房外，一般不知道其他地方的情况。牢房都是 10 厘米厚的木头门，中间部分为斜木棱，每棱之间留有 1 厘米左右的缝隙，这种门的特点是，从外面看牢房内清清楚楚，但从牢房往外看，却什么都看不见。在门的中下方有一个可以推拉的方口，专为送饭用。牢房内一角有一个 0.5 平方米的水泥台，台中间开一个坑口，作为厕所，臭气熏天，牢房里的人找些破布盖上仍无济于事。为了监视牢房里的动静，在房顶四角均安一盏电灯，昼夜不熄。牢房及围墙四周的碉堡，也都是日本侵略者改建的。

1942 年 2 月 10 日，侯仁之等燕京大学 11 位教授在铁狮子胡同军事法庭受审不久，又被转押在这里。他们同关在一间牢房里，每人按所给的号码排位子，晚上就睡在地下，条件十分恶劣，伙食也极糟，致使有些人得了伤寒和痢疾。这些知识分子虽然身陷囹圄，但仍保持着一腔正气，还在一起互相学习。平时他们并不是研究同一门学科的，很难有这么长时间相聚的机会，现在正可以"互通有无"，学习些自己不懂的东西，直到被释放。

西院的临时收容所，专押日军军事法庭已判刑的人。这是一座八卦形的老式监房，以一座方形大厅为中心，四面分别有以"忠、孝、仁、爱"四个字为编号的监筒。每个监筒又分为左右两排，每排五间牢房。这里的人不睡在地上，而是在牢房内砌一个大炕，犯人按号编排睡在炕上。小间牢房可关 10 人，大间牢房能关二三十人。大牢房一般都在监筒的尽头，约 30 平方米，犯人多时也拥挤得很，牢房的门和小窗都是铁的，甚为坚固。监狱里还备有熔铁炉，可以打造铁镣。一副脚镣一般重 5 斤，还有 7 斤的或更重的，连着镣圈的是 3 尺多长的铁链，凡是因为抗日而被关押在此的，一律剃光头，戴脚镣。戴脚镣本身就是一种极残酷的刑罚，不仅行动不便，几斤重的铁镣套在脚踝处，很快就会把皮肉磨烂，人们只得在脚踝处裹上破布、破棉花。天热时犯人穿单裤还可把裤腿塞到镣圈里，冬天棉裤就塞不进去了，只得做一个大棉套，不缝裤裆，在两边钉带子。这种棉套无法抵御北京的严寒，所以冬天是很难过的。敌人就是用这些残酷的刑法来折磨爱国志士，想以此来消磨他们的斗志。对于违反监规或有其他"不法"行为的，敌人就更加重折磨，如换重镣、铐双手或背铐来惩罚。背铐最厉害，把人的两只手背在背后铐上，一点儿也动不了，不一会儿就肩酸手麻，钻心地疼，甚至会失去知觉。但就在这种残酷的环境中，抗日爱国志士仍然坚持斗争，如秘密传递消息、绝食、设法越狱，等等。

五四大街29号这里曾为日本宪兵队本部，此地原是北京大学第二院，俗称"红楼"，伟大的"五四"运动发源地。当年学界泰斗蔡元培当北大校长时，全国著名学者云集于此，如李大钊、鲁迅、陈独秀、钱玄同、李四光等都在这里任教，毛泽东也曾在此担任过图书管理员。但在北平沦陷期间，这里却成了杀人魔王的大本营——北平日本宪兵队本部及分队所在地，而地下室则成为宪兵队的拘留所，曾有无数爱国志士被关在这里，遭受非人的迫害。

拘留所的门设在一楼东端，有台阶通到地下室，中间为东西纵向通道，南北两边的屋子分别为刑讯室及牢房。在东侧的刑讯室内，有许多刑具，被抓来的人在这里遭受鞭打或灌凉水等酷刑，因为怕受刑人叫喊声传出，所以这里隔音设施很好，里面动刑，外面几乎听不到声音。西部为牢房，南北各十几间，因为全改成木栅门，因此也叫笼子。牢房一进门有不到1平方米的地面，迎门和左侧都是木栅，正面的牢门只有1米高、半米宽，牢门右下方留一个只能送进饭碗的小洞。牢房只有4平方米大小，笼子里要关好几个人，坐着都嫌挤，更不用说躺着了，而且还要放一个马桶。关在这里，真是牛马不如！

北大红楼后边的广场（也就是"五四"运动后称为民主广场的地方）也成了敌人滥施淫威的刑场。原中国大学学生孙景云在被关押期间，曾亲眼看到广场上砌有锅台，上面有烧得滚开的开水锅，被捕的中国人赤脚站在锅台上，被日军放出的恶犬扑咬，后退就会掉进开水锅里，不退就会被恶犬咬伤，甚至咬死，而敌人却在旁边取乐。孙看到日本侵略者用这种残忍的刑法折磨自己的同胞，义愤填膺，忍不住高喊："打倒日本帝国主义！""你们日本人太残酷了，这样虐待中国人！"敌人威胁他："你还想不想活了！"他说："我不想活了，你们爱他妈的怎么办就怎么办！"话刚说完，敌人就拿一个小瓶放在他鼻子下面，只几秒钟，他就失去了知觉。

在日本宪兵队本部，很多有名的人都被抓来在此关押过。当年侯仁之被捕之初，就是被关在这里。当他被推进木笼子里时，发现里面已有一个人躺在那里。他定睛一看，原来是燕大的学生孙以亮，也就是现在著名电影演员孙道临。孙以亮看到他，示意让他躺下，两人头挨着头，为防止笼外敌人看见，他们每人脸上蒙一块手绢，小声交换着消息。交谈中，侯仁之才知孙以亮是因为在校内参加演出带有抗日色彩的话剧而被捕的，侯仁之又告诉孙，自己的罪名是"以心传心，抗日反日"。

被关在这里的还有中国大学政治系教授蓝公武，他也是当时著名的爱国学者。他因为常在课堂上宣传中国必胜、日本必败的道理而被关到这个地方七次。每次放回去，他还是照样宣传抗日道理。他的日语说得极好，在外边却从来不说，但一抓到宪兵队受审讯，他就用日语大声对日本侵略者说日本必败，还质问敌人："你们爱日本不爱？既然许你们爱日本，就许我们中国人爱中国！我就要讲下去！"敌人对他无可奈何，关了他七次以后，又把他软禁在北平西郊，许多年不让他讲课。蓝公武的骨气和爱国精神当年感染了许多青年学生。

中国大学里的民法课教授蔡亮澄先生也是非常有骨气的爱国知识分子。他上课时，经常讲"老街坊"（指日本帝国主义）侵略中国的历史。他告诉学生甲午战争、"九一八事变""七七事变""八一三"上海事件都是国耻，要大家千万不要忘记雪国耻、赴国难！因当时课堂里混入了特务，他很快就被抓进了宪兵队。十几天后他被放回，学生们问他为什么这些天没来上课，他淡然地说："老街坊请客，以后我上课只讲书，少说闲话。"可一上课，他又大讲学生要爱国，要有雪国耻的志气，一定要救中国等等。他还说，我是中国人，不讲，我良心上过不去，"老街坊"请客（指被关押）就请客，没有什么了不起。教授们这种大义凛然的精神鼓舞了许多青年学子，在他们的影响下，许多人走上了革命的道路。

户部街（今天安门广场东侧路）这里曾为伪北平市警察局拘留所。这里原是清代的吏部衙门，北洋政府时期的京师警察厅，国民党政府时期为北平市警察局（今已改建成历史博物馆）。日军侵华时期，警察局局长由大汉奸、伪北平市市长余晋和兼任。此人毕业于日本陆军士官学校，尽管他死心塌地为日本侵略者效力，但日本人还不放心，又派日本特务日野当该局顾问。表面看，这是中国的警察局，而真正掌握实权的却还是日本人，这做法很毒辣狡猾，容易麻痹中国人的民族意识，也是日本帝国主义实现"以华治华"，巩固其殖民统治的重要手段。

这里大部分是清代留下来的古老平房，东北角几个院子就是警察局内的拘留所，由一个正院和三个跨院组成。正院西房是办公用房，共三间，西头作为登记被押人员用。这间屋的南墙上有一块大木牌，上面钉着一排排小钉子，写着被押人员监号的小木牌一个个挂在上边，可一目了然。屋内有桌椅及值班所长的单人床。牢房是北房和东房。北房一溜六间，屋里有炕，牢门是用10厘米左右的方棱木做成的木栅门，东牢房三间，为"优待号"。西跨院是女监房，东跨院做厕所及临时仓库，为存放犯人的随身物品用。

伪警察局的权力很大，尤其是特务科和经济科的人，掌有生杀予夺的大权。这些为虎作伥的家伙经常在北平城内外敲诈勒索，百姓稍有反抗，他们就给扣上"抗日嫌疑""通匪嫌疑"等罪名，把人抓去一顿毒打，而后索要赎金再放人。

除以上地方外，还有东城区煤渣胡同西口路北的宪兵队、前炒面胡同35号院内的宪兵队及东四四条路北的宪兵学校等，均是作恶多端的魔窟。

我国著名早期新闻电影摄影师张玉亭一家，就曾深受日本宪兵队迫害之苦。当年张家在东四南大街临街处开了玉亭电影商行，对外营业，店铺后部为自家住宅。张玉亭是20世纪20年代北方唯一从事电影制片的中国人，不仅品行极高，民族自尊心极强，摄影技术也是首屈一指的。北平沦陷后，尽管张玉亭不再外出拍摄影片，但他还是被日本人盯上了。他们先是要张出来为日本人办的华北电影制作所当顾问，遭到拒绝后，对张进行多次骚扰。由于张玉亭发誓宁死不当走狗，不给他们办事，日本侵略者就此怀恨在心，终于在1942年7月的一天，十几个日本宪兵和伪警察突然闯到张家，把他保存的《张学良将军莅京》《喜峰口战役》等十几部纪录片、故事片的底片全部烧毁，抢走了《孙中山奉安大典》等一些影片，又砸毁了摄影机，并将张玉亭抓到煤渣胡同宪兵队进行非人毒打。张玉亭的头部被打伤，鲜血从十几厘米长的伤口不断涌出，当即昏死过去，后经两家铺子作保才放了出来，但日本宪兵又毫无理由地不准他离开北平，不准他再拍摄电影，使他家生活陷入绝境。

北平人民在沦陷期间，虽然生活在黑暗阴森恐怖的环境中，但一直坚持着斗争，当时在城内外，日本侵略者及大汉奸遭刺杀的事时有发生。仅1940年一年，就发生过伪商会会长的太太在家中被枪杀；伪汉奸报纸《新民报》编辑主任吴菊痴在大街上被开枪打死；还有新民会会长大汉奸王克敏同日本侵略者在煤渣胡同口日本宪兵队眼皮底下遭枪击，日本侵略者当场毙命，王克敏被打伤；东皇城根两个日本侵略者被打死；等等。每当发生这些事时，老百姓就特别受到鼓舞，都在悄悄地传："小鬼子要完蛋了！"生活在黑暗中的北平人相信终有一天会见到光明。

今天，历史翻开了新的一页，现在再回顾那一段沉痛的历史，并不是发思古之幽情，而为了使人们了解它、记住它，永远别忘记这些地方，别忘记这些事情。

烟花女喜获新生

——北京封闭妓院前后

孙树宏

罪恶的娼妓制度，是阶级剥削社会的产物。北京之娼妓，自古有之。自清道光年间开始，北京前门外西侧地区，逐渐成为男娼（即所谓"相公""像姑"）集中之地。义和团运动后，因南方妓女的大量北上，这一地区则渐为女妓占据。对于前门外西侧这一妓院集中的地区，至迟在清末即已产生了所谓"八大胡同"之说，如清末的一首《北京清吟小班竹枝词》，有"八大胡同闲走遍，几回慷慨发悲歌"句。到北洋政府时期，"八大胡同"早已成为这一片妓院集中地区及这一地区内妓院的代名词了。

进入民国，北京的娼妓业更为兴旺，尤其是北洋政府统治时期，北京仍是全国的政治、文化中心，官僚、政客、军阀、商人以及外国人众多，不但前门外"八大胡同"一带妓院愈加发达，而且市内私娼（即暗娼）也日益增多。据民国七年的调查，北京有妓院406家，妓女3880人，又据外国人甘都所撰《北京社会调查》估计，民国六年北京私娼不下 7000 人。有些北洋时期的官僚、政客商谈政事，竟以"八大胡同"为接洽交欢之地。国民党政府统治时期，由于全国政治中心南移，北京的娼妓业也大不如从前。但北京仍为华北的政治、文化、商业中心，娼妓业还是比较兴盛的。这一时期内，前门外天桥一带逐渐成为北京的又一个妓女、妓院集中的区域，不过这一地区的妓女、妓院等级、姿色等多逊于"八大胡同"地区。这大约是由于韩家潭一带的妓院已适应不了需要，天桥地区又离此地很近，且长久以来深受淫风影响的缘故。

解放以前的北京妓院，按其妓女优劣、设备好坏，分为四等：

头等妓院，叫"清吟小班"。其房屋宽敞，摆设华贵，妓女多系苏杭姑娘，年轻漂亮，服装华丽。来这里的多是军警头目、党政要员、文人学士、富翁大亨。此等妓院中的妓女即头等妓女。这类妓女身价高昂，开盘（嫖客和妓女一块儿喝茶、吃零食等，嫖客付的钱叫"盘子钱"）7000 元（法币或金圆券），住局（嫖客晚上留宿钱叫"住局钱"，住局又叫"拉铺"）2 万元。

二等妓院，叫"茶室"，房屋及其摆设比一等稍次，妓女也不如一等"高雅"。来这里的嫖客多是有钱的阔佬、浪荡公子等。这里的二等妓女身价也较高，开盘 5000 元，住局 1.5 万元。

三等妓院，叫"下处"。其房屋窄小，摆设简陋。三等妓女一般年岁较大，且多半不很漂亮。来这里的多是小买卖人、来京送粮的农民、店员、赶大车的、长途汽车的司机等。三等妓女身价低廉，开盘 1500 元，住局 1 万元。

四等妓院，叫"小下处"，又叫"老妈堂"。其房屋及内部摆设与"下处"相仿。四等妓女的年龄多半在 40 岁以上，身价也更低，住局只需 4000 元。来这里的嫖客与去三等妓院者大体相同。

另外，实际上还有一等，就是等外的、不登记的暗中的妓"院"，北平的老百姓称其为"坑""坑家儿"或"暗门子"，其房屋一般是独门独户，有几个凳子、一铺炕或一张床。其中妓女自然都是暗娼，年岁较大，有的甚至四五十岁，姿色更差。有的开"坑"者本人或其妻子即为妓女，有的则另找妇女充当暗娼，为其挣钱。

妓院老板手下有一套人马，统称伙计，如司账、"站院子的"、打杂的等，其中男性大多数都是地痞流氓之类，他们同老板、领家一道欺压妓女，寻欢作乐，沆瀣一气。妓院附近的人，多数靠邻近妓院而赚钱、谋生，如饭馆的顾客多为嫖客、妓女，客店、旅馆则给嫖客和妓女提供宿处。

根据北平解放初期的调查和笔者访问所得，"八大胡同"一带的妓院胡同均在粮食店街以西，主要有韩家潭（现韩家胡同）、百顺胡同、石头胡同、陕西巷（现陕西巷之一部分）、王广福斜街（现棕树斜街）、李纱帽胡同（现大、小力胡同）、博兴胡同、蔡家胡同、王皮胡同、火神庙夹道（现青风夹道）、朱家胡同、留守卫胡同（现并入朱家胡同）、朱茅胡同、燕家胡同、胭脂胡同。天桥一带的妓院及"坑"所在的胡同，主要有莲花河（现荣光胡同）、四圣庙（现四圣胡同）、花枝胡同（现赵锥子胡同）、王家大院（现红光胡同）、大森里（现已不存在，解放初为一财经学校）、铁香炉（现红炉胡同）、华康里、福长街二条及三条、大川路一巷（现大川一巷之一部分）、香厂南胡同、永安三巷及四巷（现已不存在）、天农市场（现天农胡同）、惠元市场（现惠元胡同）、双五道庙（现双五胡同）。因珠市口西大街将这两个地区分为南北两块，所以当地老百姓有"大街北""大街南"之语，用来特指这两个妓院集中的区域。大街北的"八大胡同"一带妓院、妓女几乎都是有等级的，韩家潭和百顺胡同都是江浙妓女，妓院、妓女多是一等，石头胡同二等妓院多，王广福斜街三等妓院多等。大街南的天桥一带，一是暗娼（"坑"）多；二是公开的妓院多是三等、四等，如1949年封闭妓院时，这里共有妓院71家，妓女304人，除大森里两家（妓女8人）为二等外，其余都是三等、四等。这里的妓女多是岁数大的老妓女，据1949年调查，20～25岁的只占38.8%，有不少是从一等、二等妓院降下来的，即使20岁左右的妓女，大多数亦长相欠佳。大街北一带妓女的家眷，也多住在天桥一带。

1949年北平和平解放后，因为多种原因，人民政府并没有立即消灭娼妓制度，而允许其存在了一段时间。1949年入秋以后，消灭娼妓制度的时机和条件渐趋成熟。在此之前，北平市人民政府民政局、市府公安局、市民主妇联筹委会及有关区联合组成调查组，从1949年5月25日开始，先后在外二、外五两个区的妓院集中的区域（即"八大胡同"和天桥两个地区），进行了一个多月的调查，加上其后继续进行的调查工作，到1949年9月底，人民政府对妓女的思想、数目、分布状况，妓院老板、领家的姓名、住址、罪恶、财产等情况，已经了解得比较清楚了。

北平解放后至铲除娼妓制度以前，一般情况是明娼逐渐减少，暗娼日见增多，但各区亦不相同。如外三区解放后妓女数目逐渐增多，解放初只80余人，至10月初增至211人，原因一是从沈阳、保定等地逃来一些妓女；二是其他区对妓女限制较严，外三区则允许妓女报户口和上捐。据1949年10月中旬的调查材料称，北平和平解放以后，一般来说本市妓女营业情况日渐萧条，尤以二等妓院最为冷落。南方班子尚能维持现状，据了解每日每个妓女平均能开五次盘子（一名妓女白天接待一名只玩不睡的嫖客，叫作"开一次盘子"），每次5000元，每住一夜2万元，但这也是独有的现象，因江浙妓女向来是吃香的。北平刚解放时有妓院 475 家，到 1949 年 9 月底以前，内城妓院已经消亡，所以到 10 月初统计，只剩下外城五个区的 230 家妓院（正式登记的），家数减少了 51.5% 强。妓院减少的原因是，妓院老板自知罪恶不小，害怕被斗争和清算，因此，有的转业，如转开客栈，有的在市、区人民政府有关部门调查妓院情况时纷纷要求转业，但有的已转业的妓院实际仍是暗中的妓院（如谢友斋把他的"鑫凤院"改为客栈，可背地里继续宿娼），这些人一般是财富较多的妓院老板，企图逃避被斗争的命运和保全财产；有的把房产变卖为钱财隐蔽起来，有的变卖房产后返回原籍；有的带领原班妓女潜逃其他城市（上述三种害怕被斗争的老板、领家，大多是恶贯满盈、钱财雄厚者）；个别妓院确因营业不佳而停业。另外，有的妓院老板在北平解放后名义上让妓院停业，而实际上则继续经营，他们在背后指挥。如人称北平窑业"四大恶霸"的黄树卿、陈学斌、韦敏（外号"韦四皇上"）三人（另一人在北平解放后不久即死去），通过开妓院而致富，他们拥有房屋 20 余所，势力几乎遍及外五区各妓院，过去都是老板兼领家，买卖、欺压妓女，罪恶极大。他们的妓院表面上停业了，而实际则继续营业，名义上让伙计充当老板，他们则在幕后指挥。

所谓"领家"，亦称"老鸨"，是娼妓业中一类人的称名。通常一个领家掌握着几名妓女，这些妓女一般分布在几个妓院谋生，也有集中在一个妓院内的。她们接客挣的钱，除了大部分给妓院老板外，还要再给自己的领家一部分，只有很少一点钱为自己所得。这些妓女一般是领家花钱买来的，也有以其他方式包领来的，当然都是十几、二十出头的姑娘。领家中男、女均有，其地位相当于养父或养母。女领家包领来的妓女（过去在娼妓业内并不将她们称作"妓女"，而称"姑娘"，"妓女"只是娼妓业以外人对妓女的称呼）一般称其领家为"妈"。许多领家本身不是妓女，但也有些领家本身也是妓女或曾当过妓女。领家与妓院老板一般是分离的，但也有的领家开设妓院，也就兼有领家和老板两种身份了。据调查，北平有一个领家曾买卖了 70 名姑娘。

北京市人民政府在掌握了妓女、妓院的基本情况以后，遂决定彻底铲除残存的娼妓制度。1949 年 11 月中旬，北京市"处理妓院临时行动指挥部"成立，由市人民法院和市府公安局、民政局、市民主妇联四单位有关负责人组成，正指挥贺生高，副指挥张洪烈，设于市公安局院内。有妓院的区则在公安分局内设立了分指挥部，外二区分指挥部指挥李寿庭，副指挥李仰岳、彭昕，外三区分指挥部指挥慕弗，副指挥孙明奎，外五区分指挥部指挥王秀庭，副指挥王适。在各分指挥部下，分别组成了 27 个行动小组，每组 5 个人左右，各负责实施某一地段胡同内妓院的封闭等项工作。加上其他人员，为封闭妓院共抽调了 2400 余名干部和公安员警。其中直接参与封闭妓院的干部和其他人员，事前先集中一起召开了会议，明确了人民政府确定的对娼妓制度的基本政策和对老板、领家、茶役、跟妈、司账、妓女、嫖客等应采取的不同态度和做法，并要求大家严守秘密。

1949 年 11 月 21 日下午 4 时，北京市第二届第一次各界人民代表会议通过了封闭北京妓院的决议，聂荣臻市长当即宣布立刻执行这项决议。从 21 日下午 5 时半开始，早已整装待发的 2000 多名干部和公安总队指战员，在接到命令后即刻出动，到第二天（22 日）晨 5 时止，封闭了全市 224 家妓院，收容妓女 1286 名，均集中到一些较大的妓院内；将妓院老板、领家共 424 名，均集中到市公安局，待审查后处理。封闭妓院的战斗取得了完全胜利。市府公安局长罗瑞卿向市二届一次人代会的代表宣布：

北京市从此再不存在蹂躏妇女、摧残妇女的野蛮的妓院制度了。一千多名妓女从此跳出了火坑，获得解放。

市府封闭妓院的行动，得到了当时各阶层人民，尤其是女性同胞的热烈拥护。

封闭妓院以后，北京市随即成立了四个机构以进行有关工作：

北京市妇女生产教养院——由市民主妇联（筹）、市府民政局和卫生局抽调80人组成，下设八个教养所。被收容的1286名妓女分别集中于教养所内进行学习和工作。教养院院部（设于韩家潭）和各所均使用原妓院的房子。第一所在满春院、明花院（均妓院名，下同），所长刘克顿；第二所在美仙院、星辉阁，所长贺文贞；第三所在环翠阁，所长张青良、邢声。这三个教养所均在韩家潭。第四所在潇湘馆，所长曹世仁、李志仁；第五所在鑫雅阁、鑫凤院，所长雪松；第六所在美凤院、云香阁，所长张慧敏、戴立平；第七所在泉湘班、鸣翠阁，所长常春竟；第八所在凤鸣院、群青班，所长严苏、石德贞。这五个教养所均在百顺胡同。

在封闭妓院以前即已决定成立妇女生产教养院，封闭妓院的第二天该院正式成立。教养院的工作大体上分为三部分：一是组织妓女（当时叫她们"学员"）们的学习、日常生活和疾病（主要是性病）治疗；二是协助处理妓女；三是组织妓女们进行生产，这项工作由当时的市府工业局领导。大体上前两项工作主要在教养院存在的前、中期进行，生产活动在后期进行。

北京市处理妓女委员会——由市府民政局、公安局，市民主妇联（筹）、市人民法院、市府企业局共同组成，是全市处理妓女统一的领导机关，办公地点设于市府民政局秘书室。该委员会除了负责处理妓女工作以外，许多同志又同教养院的同志共同负责了妓女们的学习、训练、治病、教育等工作。

审讯委员会——由市府公安局和市人民法院组成，负责审讯、处理妓院老板、领家。对老板、领家的审判是以市军管会军法处的名义进行的。

妓院财产管理委员会——由市府民政局、公安局的干部组成。该委员会只负责各妓院财产的清点、保管等项工作，并无对财产的处理权。下设五个组，第一至第四组分管外二区前门外"八大胡同"地区各妓院，第五组管其他各区的妓院。初期他们主要进行了妓院房产及老板、领家和妓女的私人物品的调查、清理、登记等工作。

封闭妓院以后，又陆续零星收容了 30 名妓女，使被收容妓女达到 1316 人。根据对两个教养所的 444 名妓女的统计，18 岁以下的有 56 人（最小者 16 岁），18～25 岁的 226 人，26～30 岁的 93 人，31～40 岁的 57 人，40 岁以上的 12 人。据第一教养所对该所 109 名妓女的统计，粗通文字者 4 人，初中文化程度者 1 人，其余皆为文盲。

广大妓女深受多重压迫，人不为人。绝大多数妓女坠入罪恶的妓院，都非自愿。根据市妇女生产教养院对 1287 名妓女的调查，因家庭经济困难而沦为妓女的有 301 人，被拐骗沦为妓女的有 244 人，自为游民而沦为妓女的 169 人，从小卖给领家（被卖原因不明）的 157 人，父兄不务正业而沦为妓女的 151 人，因婚姻不自由沦为妓女的 118 人，因遇灾荒沦为妓女的 68 人，因政治压迫沦为妓女的 64 人，因没落地主及破产官僚而沦为妓女的 15 人，其中因家庭经济困难沦为妓女者所占比例最大。

我们从以上的调查可以看到，妓女的绝大多数都是穷苦人，她们弃良从娼，实属被迫。但是，这些妓女终日生活在欺诈瞒哄、灯红酒绿之中，备受凌辱和压迫，因而也养成了许多坏习气、坏作风，如她们普遍具有享乐思想和游民习气，有些人甚至有流氓习性；一般都相信命运，不相信自己的境遇可以改变；认为一切都是假的，不轻易相信别人；都比较世故，善于逢迎。

北平解放后，老板、领家、嫖客造了不少谣言，如造谣说政府要把妓女送到东北配给煤矿工人、每个妓女配给 10 个伤兵、要把妓女送到苏联去，等等，而很多妓女又都相信了这些恶意的谣言。另外，对封闭妓院的行动，政府又不能事先宣布，所以，妓女们对被收容，事先毫无思想准备，被收容以后又很自然地联想到她们听到的那些谣言。所有这些原因，使得她们在被集中收容的初期，情绪极不稳定，表现惊慌失措，普遍对人民政府怀有疑虑、恐惧甚至对立的心理，特别是头等、二等妓女，对抗心理最强，因她们过去生活得不错，钱也有一些，还有人侍候。因为这种种原因，给教养院的工作人员对妓女进行教育造成了很大困难。但是，教养院的工作人员，怀着对同胞姊妹的深厚感情，耐心地进行宣传、教育，反复向她们说明政府为什么封闭妓院，认真、反复地解释人民政府对妓女的政策，批驳那些谣言，同时细致、周到地关怀、照顾她们的生活，解决她们的具体困难。如工作人员帮助有些妓女写家信，也发动有文化的妓女替其他妓女写信，帮助在妓院内有财物的妓女找回自己的物品，对个别有小孩又确无人照顾的，允许其将孩子带进所里，把有疾病的妓女送到医院治疗，等等。工作人员的苦口婆心、问寒问暖及言传身教，使妓女们感到了亲切、温暖和真诚相待，逐步解除了恐惧和对立心理，逐渐靠近了工作人员。同时，教养院的工作人员和医务人员，初步开展了对妓女疾病的检查、治疗工作。这些是从收容的第二天至 11 月 25 日的工作。

从 11 月 26 日起，各所正式开始了学习、教育工作，每天上午上政治课，下午上文化课，有时还搞些娱乐活动。上政治课进行教育的内容，多半是讲故事给她们听，联系她们的思想与生活情况，结合故事的内容，揭露旧社会和妓院老板、领家的罪恶，鼓励她们敢于述说自己的身世，吐露自己的苦楚，启发她们的阶级觉悟。这些工作取得了一定效果。在1949年11月30日以前，第三所已有20人主动找干部谈话，有的述说身世和痛苦，有的述说国民党军人和老板、领家对妓女的压迫情形，有的揭发老板财产的多少、在什么地方，有的建议不仅应没收妓院，还应没收老板家里的财产。擦油抹粉已成了个别现象，有的自动剪短了头发。

在教育方面，开始是选择一些女劳动英雄、劳动模范的事迹讲给她们听，但效果不理想。后来教养院的工作人员就讲一些学员们易于接受的故事，如《一个下贱的女人》《烟花女儿翻身记》《赤叶河》《白毛女》《血泪仇》等，妓女们绝大多数都听得很认真。如讲《一个下贱的女人》《烟花女儿翻身记》时，因故事里的主人公是同她们一样的人，很多学员感动得哭了。常常在上完课后，就有学员找到工作人员诉说自己的苦难经历。同时，教养院还组织学员们看戏剧、电影，如看话剧《日出》、评剧《九尾狐》，看到《日出》中"小东西"上吊和《九尾狐》中娟子死去时，有些妓女已经泣不成声。看完这两出剧后，妓女们一般在思想觉悟方面都有了大的进步。看了电影《中华儿女》《白衣战士》和《爱国者》后，妓女们都很敬佩主人公的革命精神。这些形象化的教育，对提高她们的思想觉悟起了很大作用，成为启发和提高她们觉悟的主要方式。

在启发妓女们的思想觉悟有了初步成果的基础上，教养院的领导为了进一步教育她们，决定在妓女中开展诉苦活动。先是工作人员主动找学员个别漫谈，许多学员也纷纷找工作人员述说自己的身世和苦痛，接着让学员在小组中诉苦，然后找出受苦的典型，再到教养所的学员会上诉苦。因为这种自己教育自己的内容都是妓女们的亲身经历、亲受之苦，很快引起了广大妓女的共鸣，大多数妓女都诉起苦来了。诉苦活动收到了很好的教育效果。学员赵领弟说："要不是政府救了我的命我早就死了。今后我一定好好学习，参加劳动来报答政府。"教养院还组织学员们自编自演了话剧。她们把自己的经历编成了几个小剧，在1950年新年、春节作了演出；她们还在市府文化教育委员会文艺处和闽剧表演艺术家洪深等的指导下，排演了话剧《千年冰河解了冻》，内容反映了妓院的内幕，揭露了妓院的黑暗和广大妓女的苦处。演出后，妓女博得了社会的广泛同情。

妓女们的文化学习，分为高、低两种程度进行识字教育。学员们学习情绪饱满，都很乐意学习。没有笔，有的妓女就用自己的粉写在地上，有的用手指在有雾气的玻璃上练写字。文化学习受到了妓女们的普遍欢迎。

在对被收容妓女进行教育的同时，市人民政府组织了六个医疗单位的57位医务人员（其中有22位大夫），检查和初步治疗妓女们的性病和其他疾病。检查完毕后，一部分医护人员即回本单位，余下四位大夫、九位护士分成四个组，进行治疗工作。据检查后的统计，患梅毒者386人，患淋病者119人，患第四性病者10人，梅毒、淋病并患者378人，梅毒、淋病、第四性病并患者182人，淋病、第四性病并患者21人。在1310多名妓女中，性病患者占95%以上，慢性肠胃炎、结核心脏病、疥疮、鸦片烟瘾患者也不少。在突击集中治疗期间（约10天），由13名医护人员共给妓女注射了13000针。值得记住的是，苏联专家杜必宁大夫曾数次前往帮助检查妓女们的患病情况。据档案记载，至1950年5月底，共花去医药费（按当时小米价折合）合小米116803斤，外再加700支青霉素。

人民政府收容妓女，是为了教育、改造她们，最终使她们走上新的生活道路。为此，在经过两个多月的教育和治病之后，于1950年2月1日正式开始了处理妓女的工作。全部处理妓女的工作实际上分为三个阶段：第一阶段是自封闭妓院至1949年年底，为个别处理时期，出所的多是有慢性病或怀孕将分娩者；第二阶段是1950年1月1日至30日，开始处理妓女但方针尚不明确，出所的不多，以结婚或回家者占绝大多数；第三阶段就是2月1日以后，为正式、大批分别处理时期。根据《北京市第二届各界人民代表会议对第一届协商委员会所提关于封闭妓院的决议》的精神，市处理妓女委员会先后定出如下几条处理办法：有结婚对象且男方有负担学员生活之能力又非地痞流氓、领家老板者，双方自愿，可助其结婚；有家可归且愿回家者，允其回家；政治上有问题但无确凿材料者，只要有家可归或有结婚对象，亦可出所；对领家兼妓女者，根据其罪恶轻重，或送公安局审讯，或允其回家，确实无家可归或无偶可配者，暂留妇女生产教养院从事生产；对想回家看看，然后再回教养院参加生产者，同样允其办出所手续，将来回所时仍予收容；无家可归或无偶可配者，除组织她们生产外并设法帮其介绍工作或对象。

在处理、安排妓女的过程中，工作人员采取了非常负责和慎重的态度，如对出所妓女的具领人提出了一些要求和限制等。截至1950年6月5日，在收容的1316名妓女（小孩94人不在内）中，结婚的505人，占38.4%，回家的374人，占28.4%，参加剧团和医务工作的34人，占2.58%，送安老所的13人，占0.9%，妓女兼领家被处理的62人，占4.71%，计共处理了988人，占总数的75.1%。这时处理妓女的工作已接近完成。到1950年6月6日，教养院内只剩下261名妓女，均系无家可归者。为了妥善安置这些无归宿的妓女，市人民政府早已决定为她们建立一个工厂。1950年春，市府民政局派人去东北购买织布机器。4月，民政局、教养院派出35名学员去清河制呢厂（现北京清河毛纺厂、北京制呢厂）棉织部学习技术，后又派一些学员去该厂学习，前后共计57人。到6月初，已有10余人能单独操作一台织布机。在当时财力相当紧张的情况下，市府拨出专款为无家可归的学员建立了新生染织厂（一说为"新生棉织厂"），在6月或7月开工，设于华兴染织厂附近，200多名学员分三班愉快地工作。

另据档案记载，至1951年7月10日，留在教养院总院（韩家潭）的67名妓女也大部分出院。从此，教养院的工作全部结束，圆满完成了历时一年又七个月多的光荣使命。

在被集中的424名老板、领家中，有120人并非真正的老板、领家，有30名老板是由别人顶替的或由伙计充当的假老板。这些假老板或领家，经审查发现后不久即被释放。对于那些确实是剥削、欺压妓女的老板、领家，市政府决定交由市军管会军法处审判。审判原则是：第一，凡充当老板或领家，其剥削妓女的行为继续至解放后者，根据罪恶轻重分别处以徒刑或死刑；第二，其剥削妓女所得之财产，应予没收，充作教育、改造妓女之用；第三，其财产涉及工商业或农业的，不动或酌情课以罚金。

教养院组织学员们参加了对一些老板、领家的宣判大会。看到或听到昔日压迫妓女的老板、领家一个个垂头丧气，终于受到人民的审判和制裁，学员们无不欣喜异常，受到极大鼓舞。有些原来害怕老板、领家能被放出来而不敢诉苦的妓女，从此挺直了腰杆，大胆诉苦了；一些想出所后再靠领家、老板生活的妓女，也丢掉了幻想。对妓院老板、领家的审判也有力地推动和配合了对学员的教育。

市军管会军法处对老板、领家的审理结果是：共受理案件363起，至1950年6月初，结案356起，被处以死刑者2人（即罪大恶极的老板兼领家黄树卿、宛华清），判处10年以上徒刑者19人，5年以上10年以下徒刑者 74 人，1 年以上 5 年以下徒刑者 260 人，课以罚金与劳役者 4 人，缓刑或予以警戒或教育后释放者 20 人。

这次封闭妓院、处理妓女的工作，国家花费了大量钱、物，除前已述之医药费用外，至 1950 年 6 月初，共开支伙食费按当时价格折合小米 348655 斤，公杂费、购置费、临时薪金、回家路费四项共计折合小米 181989 斤，生产垫支费用折合小米 100225 斤，所有花费（含医药费，但不含 700 支青霉素费用）按当时价共折合小米 747672 斤。此外，1950 年 6 月 9 日以后，为新生染织厂购置机器、修理厂房、进行生产的费用及 6 月、7 月、8 月三个月的伙食、公杂费开支，据 6 月计算，共需小米 71500 斤。另外，因教养院至 1951 年 7 月 10 日才彻底结束，所以该院 1950 年 6 月 9 日至 1951 年 7 月 10 日的花费还未包括在上述数字之内。

当年北京市封闭妓院、处理妓女的工作，"是具有历史意义的一项社会改革工作"。今天我们来回顾这项令人难忘的斗争，仍是十分有意义的。

1949：北京向妓院开刀

张洁珣

1949 年 11 月 21 日，北京市第二届各界人民代表会议通过了《关于封闭妓院的决议》，原文如下：

> 妓院乃旧统治者和剥削者摧残妇女精神与肉体，侮辱妇女人格的兽性的野蛮制度的残余，传染梅毒淋病，危害国民健康极大。而妓院老板、领家和高利贷者乃极端野蛮狠毒之封建余孽。兹特根据全市人民之意志，决定立即封闭全部妓院，集中所有妓院老板、领家、鸨儿等加以审查和处理，并集中妓女加以训练，改造其思想，医治其性病，有家可归者送其回家，有结婚对象者助其结婚，无家可归，无偶可配者，组织学艺，从事生产，并没收妓院财产以作为救济妓女之用。
>
> 此系有关妇女解放，国民健康之重要措施，本市各界人民应一致协助政府进行之。

大会执行主席、北京市妇联筹委会主任张晓梅在会上宣读这一项庄严的议案，当她读完最后一句时全场响起了热烈的掌声。这一决议也获得了全市人民的热烈拥护。

就在 21 日当晚，中共北京市委和市人民政府领导我们一夜之间封闭了全市所有的、224 家妓院，解放了 1280（后来增加到 1300 余人）多名受压迫遭蹂躏的妓女。从此，北京便成为一座没有妓院的文明城市。这个被誉为"伟大社会变革"的历史事件，震动了中外。此后，全国各大、中城市都参照首都的经验，陆续开展了取缔妓院和教育、改造妓女的工作。短短几年时间内，几千年遗留下来的摧残妇女精神与肉体、侮辱妇女人格的野蛮的娼妓制度，便在新中国的大地上根除了。

我们北京市妇联 10 名年轻的女同志和公安、民政、卫生、工会等部门的同志一起，亲身参加了封闭妓院、教育改造妓女这一特殊的战斗。

我于 1922 年 2 月出生在北京，从小受 1926 年入党的老共产党员、我的姑姑张秀岩（原监察部部长助理、三届全国政协常委）的熏陶和教育，懂得应该关心被压迫受奴役的劳动人民，对旧社会的种种黑暗和妇女受歧视压迫的状况非常不满。稍长大后，通过看小说、看戏剧电影，听大人讲，也曾坐车路过妓院麇集的"八大胡同"，开始懂得什么是妓院、领家、老鸨子，对任人蹂躏的妓女充满同情。因此当听到组织上决定让我参加改造妓女的工作时，我非常兴奋地参加了。

干净利落地封闭妓院

北平刚刚解放，社会情况极其复杂，国民党特务化装潜伏，散兵游勇充斥街头，宿匪、惯匪明劫明抢，恶霸、地痞、流氓大肆活动，这些人把妓院当成避风港，隐匿嫖宿在妓院里，逃避人民政府的搜捕惩处。

北平市公安局从肃特、维护治安的角度出发，提出了一个对妓院进行管制的若干暂行规定，1949 年 3 月由市政府批准下发。根据这一规定，各有关公安分局和派出所首先对妓院进行登记，然后通过各种方式进行摸底，对妓院实施严格管理，经常召集妓院老板和领家开会，告诫他们不得欺压虐待妓女，不得阻碍妓女从良，讲明政策，动员他们及早转业。同时也召集妓女开会，对她们进行教育，灌输一些妇女翻身当家做主的思想，动员她们勇敢地站起来，和老板、领家作斗争，促使她们走劳动生产的道路。通过这些工作，确实有了一定效果。有的妓女协助政府抓捕坏人；有的妓女看到老板要卷款潜逃，起来和老板算账，告到政府，最后获得一笔钱，跳出苦海，回到郊区老家去了。但是大多数妓女觉悟还很差，加上老板、领家的造谣和恐吓，她们对共产党和人民政府还不了解，还心有疑虑。

1949 年 5 月，北平社会治安的混乱现象基本消除，市政府召集民政局、公安局、妇联等有关单位开会，专门研究妓院和妓女问题。市委书记彭真和市长叶剑英都指示，对妓院问题要搞调查研究，摸清情况后再决定处理的方针政策。

5 月下旬，一支由民政局、公安局、妇联等单位组成的工作组开始调查了解工作，这是封闭妓院准备工作的前奏。

经过公安局细致的工作和工作组深入的调查，全市 200 多家大小妓院和妓女的情况比较清楚了。公安局和民政局分别写出了调查材料，将妓院的历史、分布、等次、设施、营业状况，妓女的种类、来源、生活状况及沦为妓女的原因、目前妓女的思想情况，妓院老板、领家的状况等，上报市委、市政府和中央公安部。这些翔实的材料，为制定封闭妓院、处理领家老板和改造妓女的政策，提供了可靠的依据。

有一次，公安局的同志向市委领导同志汇报时谈到，在妓院中竟有

13 岁的小妓女患有梅毒，这使得彭真、刘仁同志非常震惊，他们亲自到妓院考察了这一情况，更深深感到要尽快解放这些可怜的妓女。

1949 年 8 月 9 日，在北平市第一届各界人民代表会议上，有两位代表提出了改造妓女的提案，建议政府制订方案，组织妓女习艺所，收容妓女，加以教育，使之参加劳动谋生。经代表们讨论通过后，提请市政府拟定具体办法解决。

10 月 15 日，根据市委和市政府指示，由公安局、民政局、妇联等单位共同组成了"封闭妓院总指挥部"。公安部长兼市公安局长罗瑞卿任总指挥，民政局长董汝勤、市妇联筹委会副主任杨蕴玉、公安局治安处副处长武辰等任副总指挥。

11 月 16 日，在总指挥部召开的一次会议上，拟定了处理老板、领家和收容妓女的具体方案，并做了分工，决定了封闭当天的行动，包括集中老板、领家，收容妓女，警戒工作由公安局负责，收容后对妓女的管教、生活供给等工作由妇联和民政局负责，妓院的财产处理由民政局和公安局负责，治疗妓女的各种疾病由卫生局负责，大家分别做了细致的准备工作。全市共动员了干部、民警和公安总队的战士 2400 余人参加这一史无前例的工作。我们市妇联负责对从各单位抽调来的 80 余名专管教育改造妓女的干部进行培训、学习政策，特别教育大家要平等亲切地对待这些身受迫害的妓女，不能嫌弃她们，并请卫生局的大夫讲解防病知识等。

11 月 21 日下午 5 时许，封闭妓院的决议一通过，我们就紧急行动起来，为了不泄露消息，指挥部命令，各分指挥部于 6 时以通知老板、领家开会的方式，将他们集中在一起，实际是看管起来。8 时，按照妓院的分布情况，组成 27 个行动小组，每组负责封闭 5 家至 10 家妓院，任务是到指定的妓院宣布各界人民代表会议的决定，将妓女集中起来送

到指定地点，解散茶房、跟妈，处理嫖客，查封妓女财产，一切工作都
紧张有序地进行着。

艰苦的教育改造

为了改造和教育妓女，成立了"北京市妇女生产教养院"，杨蕴玉
任教养院的负责人，我担任她的助手（杨于 1950 年 2 月调走后，由我
负责）。下设八个所，每所配备七八个干部和一个警卫班。这八个所分
设在原"八大胡同"中的两条胡同——韩家潭和百顺胡同的头等妓院
内。我们教养院总部设在韩家潭"春艳院"旧址内。当晚我们进院时，
嫖客和妓女还正在玩笑打闹，搂搂抱抱，一见干部和持枪的战士进来，
都莫名其妙地瞪着眼睛不知所措。听我们宣布了封闭妓院的决议后，这
些过着纸醉金迷生活的头等妓女不满地吵嚷了起来。有的说："现在实
行民主了，封闭妓院应当先告诉一声，就这样随便把我们弄走了？"有
的说："请问长官，我不去集中，回家结婚成不成？"七嘴八舌吵个没
完。一个行动组长和颜悦色地说："姐妹们，现在不是提问题提意见的
时候，政府是为你们好，你们必须先集中，有什么话以后再说。"妓女
们这才一声不吭地跟着干部到所里集中了。

我们摘去了那些光怪陆离的彩灯，撤掉了那些庸俗华丽的陈设，在
大门上挂上了"北京市妇女生产教养院"的牌子，开始办公，等候各所
汇报集中妓女的情况，并处理发生的问题。经过一整夜工作，到 22 日
晨 5 点，将全市 200 多家妓院全部封闭，妓院老板、领家百多人集中于
公安局，准备经审查后，根据罪恶大小分别处理。

封闭妓院的消息公布后，广大群众无不拍手称快，妇女的反应更为
强烈。被服厂的女工说，这真太好了，这种罪恶制度的消灭，使多少不
见天日的姐妹，今天见到了青天。北京大学的女同学说，这是我们早就

关切的事情，共产党说到做到，我们岂能允许摧残妇女精神与肉体、侮辱妇女人格的兽性制度存在呢？一些教授、教师、职员和教职员家属也纷纷发表意见，说这正是解放妇女的具体表现，也是有利于国家、人民的大好事。

全心全意地想为这些刚解放的姐妹做好事，想帮助她们，可工作并不是一帆风顺的。我们的满腔热情得到的却是怀疑、冷漠、对抗。当时我们院指挥部决定对已经解放的妓女，要一律叫学员、叫姐妹，不能再称她们妓女，伤害她们的感情。

学员们刚一集中的时候，情绪很不稳定，思想上有很多顾虑，她们中很多人听信了老板、领家的谣言、恐吓，以为真是要送她们到"东北去开荒""到矿井去配煤黑子""一个人配给十个伤兵"，心里非常害怕，有些人担心没收她们存在妓院的东西，因此很多人都是又哭又闹，甚至有的搬梯子上房，有的挖墙洞预备偷跑，有的带头往门外冲，有的还质问我们所里的同志："我们犯了什么罪？要把我们关起来！"对抗情绪最厉害的是头等妓女，带头闹事的往往是混在妓女中的领家。

针对以上情况，我们教养院的干部始终贯彻着热情感化、耐心教育和严肃纪律相结合的精神。因为改造妓女工作和一般群众工作不同，她们对新社会一无所知，旧社会的黑暗和罪恶却经见得很多，长期灭绝人性的折磨和凌辱，使她们精神扭曲，心理很难捉摸。所以我们不厌其烦地反复宣讲政府的政策，说明政府解放她们帮助她们成为新人的诚意。民政局、公安局、市妇联等单位的领导同志也来讲话，揭穿各种谣言，解除她们的疑虑，使她们进一步了解政府是真正解放她们，而不是来扣押她们的。同时，社会各方面人士，也来亲切地慰问她们；女工、女同学、记者、文艺界的知名作家、艺术家、全国妇联的大姐们甚至还有捷克大使的夫人都来看望她们，和她们亲切交谈，大家还送来很多书籍、文具，勉励她们好好学习，重新做人。她们冰冷的心逐渐融化了，在最初的这段日子里，我们教养院全体同志夜以继日地工作，头几天既要安抚学员又要接待各样的来访者，我们两天三夜都没睡觉，仗着大家都年轻，实在顶不住了打个盹儿就过去了。

紧接着，我们就抓紧为她们解决具体问题。先把吃、住安顿好了。她们中有些人有孩子在家无人照顾，立即替她们接来；有的老母无处安身，也接到院中暂住，没有棉衣棉被的发给她们；生重病的送到医院治疗，生病的吃不下大灶饭的将米面发给她们自己单做；有较重慢性病的有家暂送回家，无家的送安老所休养。

她们最怕放在原妓院自己的财物丢失，我们组织她们回去取，当她们看到所有的东西都原封不动地放在那里，衣服、钱财、手表、金戒指等首饰一件没丢时，一下子说出真心话来："这要是日本鬼子和国民党军队，早他娘抢个一干二净了，还等咱取？""同志！你们真有信义，说什么是什么，我们以为这些东西早没了呢！""同志！政府是真心待我们好，现在我们可放心了，真不该听那些人乱嚼舌头！"

以上这些事实，加上我们对学员的态度一直是诚恳亲切和耐心关怀的，使她们深受感动。学员郭赵氏，因梅毒发作病得要死，到医院救治，她回来后动情地对大家说："这回我可知道共产党的好处了，要不是共产党救了我，还在妓院的话，我就和大家见不着了。"说着就掉下泪来。这样生动的事例，都使学员受到了教育。但是，也有少数学员以为我们老实可欺。因此当特别调皮的学员犯了严重错误时，我们立刻抓住具体事实，批评教育，告诫她们院里还有严肃的纪律，不能乱来。如七所学员李金花挖墙洞要逃跑，我们发现后，立即召集全体学员开会，当面指出这种行动对自己及对大家的危害，最后给了她批评和处分，教育了她和大家。

经过几天艰苦的工作，学员们的情绪逐渐安定下来。各所都按中队、班、组将她们组织起来，中队长由干部兼任，班组长由她们自己选出，我们还定出了有规律的作息时间，组织上政治课、文化课，并开始培养她们的劳动习惯，所里的日常劳动如打扫院子和厕所卫生、看茶炉、分饭等，由各班轮流值日，还找来一些手工活教她们做，如打麻绳、织毛衣、挑补花、缝纫等。课余时间组织她们开展文艺活动，教唱歌、自编自演一些小节目，如快板、数来宝、短剧等，培养她们的劳动习惯和集体生活习惯，使她们的生活走上正轨。

改造她们的思想可不是一件容易事，虽然她们多数是贫苦出身，有的是贫苦农民的女儿，有的是城市贫民，有的是三轮车夫妻子，在妓院中受尽灭绝人性的折磨和凌辱，生活在旧社会的最底层。但是，因为她们长期脱离劳动，害怕和鄙视劳动，这就使她们的思想深深地被打上了寄生思想的烙印。她们中的多数恨透了被侮辱、被损害的生活，也曾想跳出火坑，但是，领家、老板和贪官污吏、地痞流氓等邪恶势力结成的天罗地网，使她们无路可走，惨痛的经历粉碎了她们对人生的希望，她们不相信世界上有好人。加上她们文化程度很低，80%以上是文盲，受过初中教育的只有3人，有200多人粗通文字。对我们来说，教育和改造妓女是一项全新而又艰巨的工作。

政治教育我们主要抓以下几个方面：

首先，系统地揭露旧社会的黑暗。分析统治阶级如何运用他们的政权来欺压人民，揭露官僚政客及其爪牙如何为个人的享乐挥霍造成许多罪恶，分析封建地主阶级对农民的剥削与迫害造成的许多恶果，揭露领家、老板的罪恶，说明娼妓制度产生的根源，分析旧社会中妇女的地位及妇女受压迫的根源。

其次，从各方面介绍新中国的情况，指出前途和今后努力方向。

最后，树立劳动观点，讲解劳动创造世界，指出鄙视劳动是由于旧社会统治阶级造成的，现在打垮了反动派，劳动人民真正做了主人，劳动是新社会最光荣的事，指出妇女只有参加社会劳动才能解放自己，使她们清楚地认识到新社会妇女的前途及努力方向。同时还给她们讲新《婚姻法》，教育她们树立正确的婚姻观点。

教育方法我们基本上采用由近及远、从感性上升到理性、群众自我教育和突破一点推动一般的方法，逐渐地、普遍地提高大家的觉悟。我们联系她们的生活与思想，采取讲故事的办法加以分析提高。如我们讲马烽编写的《一个下贱的女人》、辛大明写的《烟花女儿翻身记》、康濯的《活影子》等文学作品，因为这些故事都取材于学员的生活，她们听了感到很亲切，有些人甚至感动得哭了。

我们还组织她们看戏剧、电影，在看戏时，台上台下的感情融成了一片，看到《日出》中的小东西上吊和《九尾狐》中的娟子死时，有些人泣不成声；看完《九尾狐》，有的学员说看这个戏真比上10天课还好。有的学员看了《日出》后说："要不是共产党领导我们翻了身，到了老年，我们还不是和翠喜一样惨吗？白露、小东西、翠喜，她们的痛苦就是我们的痛苦，我看戏的时候，简直分不清是戏里的人还是我们自己。"看了《赤叶河》和《血泪仇》后，她们明白了封建地主阶级是怎样对农民进行剥削与迫害及其造成的许多恶果。我们还组织她们看了《中华儿女》《白衣战士》《爱国者》等电影，她们对革命者艰苦卓绝的斗争和坚贞不屈的精神非常敬佩。

发动学员诉苦是开展思想教育工作的重要一环，是启发学员觉悟的一把钥匙。我们是从受痛苦最深、觉悟较快的学员中，先突破一点，然后鼓励她们当众诉苦，大胆说出自己的身世和领家、老板是怎样剥削压迫自己和其他姐妹的，以苦引苦，由小组到中队到全所，用具体生动的事实教育大家。有些罪大恶极的领家、老板已被扣押，即将判刑，我们就召开斗争大会，让直接受害的学员上台控诉他们的罪恶，使她们进一步认识到人民政府确实是给她们做主的。

斗争外号"母老虎"的领家黄宛氏和她的姘夫、妓院老板"活阎王"黄树清的大会，是在关押他们的监狱大院中召开的。深受他们欺凌、迫害的学员吴新生、杨爱华上台控诉他们的罪恶：30 多个姐妹在他们的魔掌下所受的罪真不是人们所能想象的。用烧红的火筷子、火钩子烫；用茶碗粗的木棍毒打；把猫放在妓女的裤裆里，然后打猫；等等，种种酷刑简直成了家常便饭。凡是得了性病，如生杨梅疮、骑马疮的，母老虎亲自"治疗"，治法就是用烧红的火筷子通条烫，一个名叫小翠的姐妹被母老虎折磨得快要死了，被棉花塞住嘴，装进麻袋里，由母老虎的弟弟拉出去，小翠在麻包里说："妈，我还没死呢！"另外还有四个姐妹都是因为得了严重的性病不能接客被弄死了的。他们领的 30 多个姑娘，几乎都是先被黄树清强奸后再被迫接客的。吴新生、杨爱华也受过种种的虐待和酷刑，至今她们身上还有疤痕呢！听了吴新生、杨爱华的血泪控诉，学员们群情激愤举起双手，高呼口号："打倒母老虎、活阎王！"有学员拥上去要打他们，被干部拦住了。后来黄宛氏和黄树清被法院判处死刑，当军法处用汽车押两犯去刑场时，我们特别安排他们从教养院门前路过，学员们全体出动，站在路旁高呼"替死去的姐妹报仇""替受苦的姐妹申冤"并高唱报仇申冤歌。吴新生、杨爱华和另外50 几名学员代表还跟随到刑场去，亲眼看到对这两个罪大恶极的坏蛋执行枪决。吴、杨二位学员激动地说："今天的政府真是咱们自己的，这回仇也报了，气也出了，该好好打算咱们自己的事了。"学员尹桂红说："政府替咱们报了仇，我们应该好好学习技术，改造我们的旧思想，做个新社会的新妇女！"另外，我们还曾组织学员代表到庄严的人民法庭上，去旁听对领家、老板的宣判，根据他们的罪恶大小分别判处若干年的徒刑。

在文化学习方面，我们除了教一些常用的字外，大多是结合所讲的政治课的中心内容来教她们认字，如"领家、老板吃我们的肉、喝我们的血，我们要叫他偿还"。"劳动最光荣，不靠男人吃饭。"另外再配合教一些简单的算术、常识（包括简单的历史、地理，教她们认识自己的祖国）。多数学员对文化学习很感兴趣，很多过去一字不识的学员，经过几个月的学习，能写通顺的短文，有的所学员还自己出壁报。

通过文化娱乐活动来活跃学员的生活，提高她们的觉悟。我们针对学员的情况，改编了几首歌，如把《妇女解放小唱》改编为《翻身诉苦小唱》，将《工作谣》的曲谱改编成《姐姐妹妹站起来》等。她们十分喜爱这些歌，每天晚上都集中在一起练歌，唱到"学习劳动，学得好本领，独立不求人，加紧改造我们自己，我们是新社会的新妇女"感到特别高兴，一种自豪感油然而生。

在同志们的帮助下，学员们把自己的遭遇编成了短剧：《跳出火坑》《苦尽甘来》《再生》等，在新年、春节等联欢会上演出。很多著名的文艺工作者、文学家、剧作家都来到教养院调查了解情况。姐妹们的苦难命运牵动了他们的心，田汉、洪深、马少波、马彦祥、辛大明、金紫光、赵树理等知名人士参加诉苦会，观看学员自编自演的小戏很受感动，萌发了帮她们排一个大剧的想法，由学员们自己来演自己的生活，向社会宣传汇报，既教育自己，也教育别人，让社会了解她们，也驳斥种种谣言诽谤。这意见得到了大家的赞同，最后商定由马少波先生执笔。马先生在学员创作的基础上，很短期间，创造出一个话剧《千年冰河解了冻》。洪深先生自告奋勇当导演，经过近一个月的排练，开始向社会公演了，这个话剧在剧场演出了许多场，观众有两万多人，各界反应十分强烈，有些单位还邀请学员们去演。向社会演出，对这些一向被压在最底层、最让人们看不起的姐妹来说，意味着人的尊严的恢复，她们把每一场演出都看作向社会庄严宣告："我们姐妹站起来了！"

决议中指出还要"医治其性病"，为了解除学员的病痛，政府集中了北大医学院、性病防治所、先农坛妇婴保健所、市立第一医院、结核病防治院和北京市卫生局巡回医疗队等单位 60 余位医疗人员参加工作。治疗方案是由北大医院院长胡传揆大夫和性病防治所所长林子杨大夫等做了慎重研究后制定的。在中华人民共和国刚刚成立，国家财政并不富裕的情况下，政府拿出一亿多元（折合 12 万斤小米）的医药费给学员治病实属不易。医疗人员感叹地说：要不是共产党的领导，有哪一个政府肯为这些千年压在石头底下的人负责呢？

通过普遍检查，发现 1300 多名学员中，性病患者占 95% 以上，有的兼有梅毒、淋病和第四性病，未成年的领家养女多数也不能幸免。有个女孩 7 岁时被领家强奸，检查发现她和大人一样有严重的淋病，现在学员的病都治好了，原来苍白黄瘦的脸，变得满面红润。事实教育了大家，她们感动地说："不是人民政府，有谁肯给我们治病，在旧社会烂死也没人管。"

新生之路

为了对学员负责，我们教养院制定了一些条例：凡是回家的，必须有当地政府来信证明，并有家人来接，才能放心地让她回去；要结婚的，政府帮助她们了解，男方要有正当职业，没有妻子，双方情愿，才可结婚。每个学员出院都要经过一定的手续，具领人要有区政府的证明信，证明他是有正当职业的居民。此外，还要取得殷实铺保，填具保证书，保证：一、该学员出院后须参加生产劳动或主持家务；二、该学员

189

今后在任何地区不当明娼或暗娼；三、根据《婚姻法》，保证该学员婚姻自由，不得有变相买卖婚姻的行为。如果具领人是学员的丈夫或结婚对象，须经卫生局检查有无性病。学员要有院方发给的出院证明书，才能在当地呈报户口。此外，教养院还有通知书给当地政府，当地政府可以随时检查具领人是否违反所保证的条件。

新年开始，陆续有学员回家、结婚。1月30日，一所有9位学员出院，为了欢送她们，一所开了盛大的欢送会，她们的家里人和即将结婚的对象也都前来参加。6位学员和6位家属都在会上讲了话，她（他）们用朴实真挚的话语说出了感谢共产党、人民政府的心里话。最后，我和一所所长刘克顿也在会上讲了话，我们为她们出院而高兴，勉励学员们回去后好好地学习和参加劳动。有一个学员被农村来的父亲接回家去，她家在土改中分到了土地，她一再表示，过去那种生活真是太痛苦了，回去后要努力学习，好好种田劳动，再不靠男人吃饭了。只有这样，才对得起共产党和人民政府。

截至1950年7月底，1316名学员（94名小孩不在内）当中，有596人出院和工人、农民、店员、个体摊贩等结了婚，有379人被父母、兄弟、丈夫接回家团圆，有62人被挑选参加了剧团和医务等工作，8人被送往安老所，有62人被查出是妓女兼领家已另做处理。以上总计出院1107人。留下无处可去的学员209人，政府为她们买了82台纺织机器，办起了新生棉织厂。后来该厂并到国营大厂，她们都成了正式职工。

据后来我们了解，出院的学员绝大多数表现很好。在城市的学员，有的参加了手工业生产，在家做纳鞋底、挑补绣花等零活，有的参加识字班学文化，还有的成了街道积极分子，在居委会工作。到农村的大部分能吃苦耐劳，努力参加农副业生产劳动，挑水、做饭、喂猪、养鸡什么都学着干，改变了过去那种好吃懒做的坏习惯。

七所的学员唐玉英被挑选到文化部京剧研究院学习。1950 年 11 月，我和七所所长刘迈忽然接到她的信，上面写着："亲爱的张洁珣同志和刘迈同志：在你们二位教育下的我，已经走上为人民服务的大路了，全国人民展开了抗美援朝、保家卫国运动，我首先报名到东北参加工作——我们已被批准，再有两三天就要出发了，希望来信多告诉我一些工作经验，并指示我应当克服哪些缺点，帮助我更好地完成任务。共产党把我从火坑里救出来，我一定为人民、为祖国出力。"

1951 年 1 月 13 日，唐玉英又给教养院的姐妹们寄来一封信，其中写道："当 1950 年 11 月 21 日的那天晚上，同志们准备过江到朝鲜去，我们大家做装饼干的袋子，忽然想起这天是我们的纪念日，前年的这一天，我还是被千万人踏在脚底下的下贱人。今天的我，穿着军装，雄赳赳、气昂昂地参加到抗美援朝、保家卫国的行列中，这个变化，在我的内心是多么激动啊！想到这里，我对工作就更加起劲。"

一所学员吴春芳是留在新生棉织厂的工人，她告诉我们，后来她们209 人被分到三个国营工厂，分到她们厂的共 56 人，其中入党的就有12 人，有三人被评为市劳动模范，两个学员还当上了区和市的人民代表。吴春芳本人也入了党，曾被评为市劳模，还当过厂工会主席。

类似的事例还很多，这里不能一一列举了。虽然已经过去了 49 年，封闭妓院，解放妓女，把妓女改造教育成中华人民共和国的新妇女的伟大意义，怎么说也不过分。

北京取缔一贯道

李万启

臭名昭著的一贯道，是一个欺骗与陷害群众的反动封建迷信组织。其首要分子，多为汉奸、特务、反动地主、流氓恶霸。他们利用这一组织，欺骗敲诈道徒，聚敛财物，奸污妇女，同时又卖国投敌，为虎作伥，进行各种反革命政治活动，甚至企图策动武装暴乱，颠覆新生的革命政权。

新中国成立后，党和人民政府决心取缔一贯道，以镇压少数首恶分子，挽救广大受骗道徒。在新中国成立后大规模镇压反革命的运动中，北京市开始取缔一贯道等反动会道门。为使广大青年朋友了解这一页历史，本刊特刊发此文。

一贯道"开荒"种崇

一贯道起于山东济宁，前身是清光绪年间的"东震堂"，后改名为一贯道。此道奉达摩为始祖，传至 17 代"祖师"路中一时，尚因乏人信仰而默默无闻。路中一及其妹路中节相继死后,道号"天然子"的流氓道士张光璧窃得衣钵,自称"济公下凡而奉天承运办理道务",在济宁发展了 3000 名道徒,后又与小有势力的师妹孙素珍姘居,离开济宁到各地传道。其时,正是 1931 年前后,日本帝国主义发动了侵略中国的"九一八事变",关内关外,人心惶惶,一贯道乘机大肆鼓吹"三期末劫,罡风扫世,天下大乱,将死人无数,唯有入道者才能躲灾避难,逢凶化吉,大难过后白阳佛要下凡掌世,入道者子孙享福不尽……"于是,大批惑于苦难和灾变的农民及城镇市民商贾便纷纷入道求安,一贯道由此大兴。

一贯道得名于孔子《论语》中"吾道一以贯之"一语,但实际上并无可以"一以贯之"的道义,该道完全是个集封建迷信之大成的杂烩道,即所谓的"万教归一"。其供奉者,上自"无极老母""济公活佛",下至张飞、关羽,吕祖洞宾,外带耶稣上帝、穆罕默德,佛堂里请哪位尊神上座,全视当地群众传统信仰而定,目的无非是多"度"人,多骗财。

道务发展起来后,张光璧设中枢坛于济南,然后派出干员到各地建坛,时称"开荒"。1933 年,旧军人出身的点传师栗春旭奉张光璧之命来京开荒办道,初在新开路周景成(山东人,曾任国会议员、山东烟酒事务局局长等职)家成立佛堂,参加者多是失意政客或军阀,如曾任袁世凯财政部长的周自齐、"矩威"将军潘矩楹及军阀唐天喜等。这就是北京一贯道最早的坛口了。

1936 年,一贯道已遍及鲁、冀、杭、沪,道徒数十万众,张光璧自命为师尊,妻刘率贞、妾孙素珍为师母,声势越闹越大。这样一来便引起了蒋介石的注意,蒋以邀赴宴为名,将其软禁于南京。栗闻讯,即向道徒谎称张已被处死,图谋取而代之;而天津道徒张五福则反其道而行之，愿以性命财产保释师尊。结果，栗某失算了。张光璧在南京归顺老蒋获释后做的头一件事，就是开除栗春旭的道籍而重用张五福，派张五福、杨灌楚和董雪桥（范太太）三人来京接办道务，成立了信一、德一、纯一三大坛。其中以张五福的信一坛发展最快。1939 年 1 月张五福请张光璧、孙素珍来京居住，在北新桥财神庙 2 号租房作总坛，张光璧即命张五福负责北京道务，由刘新泉、宫彭龄襄助。

同年 4 月（旧历二月二十八日），张光璧等人召集各地一贯道头目在东城郎家胡同 50 号院内举办了一期以训练骨干为目的的"顺天炉会"。参加者达 180 余人，分别来自北平、天津、山东、绥远、包头、张家口等地。炉会期间，参加者一律不准走出院门，每天烧香磕头，吃窝头咸菜，并由各大道首宣讲"道义"及《大学》《中庸》《金刚经》等等，同时还设置了种种荒唐的"考验"，如"考酒""考色""考财"。

考酒时，由总坛天才机手刘新泉"借窍"充"大师兄"，女天才齐某充"关公"，将一盆掺酒的水端给道徒喝，说是仙丹妙药，不喝者则受藤鞭抽打，以炼其"诚"；考色时，将男女道徒分两班站立，然后命一男道徒裸体走到女班，一女道徒裸体走到男班，由道徒们依次摸其生殖器，以察是否"见色起意"，有不肯摸者，则当众鞭笞；考财，说白了就是敛钱。刘新泉声称与一 18 岁女道徒有"仙缘"，公然赤身合卧，命男女道徒祝贺献礼，并每晨到床前问安。献礼最多的一次达 2000 块银圆，少的也有数十块。

这三考，连同其他种种荒唐行径，把个炉会搅得乌烟瘴气，当时就有两个女道徒发觉上当，坚决要求退道。结果，却被道首们以"还冤愆"为借口，活活乱棍打死。为避免罪行泄露出去，众道徒均被迫立下弘誓大愿，保证"守口如瓶"。

长达 45 天的炉会，将"三纲五常""仁义道德"与欺男霸女、谋财害命熔于一炉，培养出了一批精于此道的骨干分子，然后将他们派往各地，开荒办道。

张五福便是在这次炉会后被"师尊"亲命为北京道长的，同时还有百余人被亲放为点传师。张五福设总坛于德胜门内兴化寺街 15 号，并在南长街及后广平库开办"树民小学校"，作为办道的掩护机关。北平一贯道领导核心便以"树民小学董事会"的公开身份出现，张五福亦经常在此"办公"。不久，又在琉璃厂开设了一处"中华善书局"，设专人在此管理道中人名总册和收支账目，并印制发放经书道卷及各类文件，充当反动封建的宣传舆论机构。

一贯道在北京地区发展十分迅速。这首先得力于日伪政权的鼎力扶植，其上层道首与日伪当权者秘密勾结，并吸收大批敌伪人员入道充当骨干，依靠这些人的势力，加之又充分利用了当时社会动荡不宁、民生艰难困窘的形势，该道得以大肆膨胀，短短几年间便在城区和郊区、外县建立大小佛堂不计其数，到 1943 年吃"混合面"时期，发展势头达到高潮。以西郊门头村为例，该村 639 名道徒（1951 年统计）中，四分之一是 1943 年入的道。又如，后来成为北京总坛声威赫赫的"八大代表"的王钟麟、马书鲁等人，就是在这个时期入道并很快被擢拔为点传师的。

据一贯道"训"称："人有十条罪，劝一人（入道）可立一功，赎一罪，多立功多赎罪。"换张五福的话说："看你们谁开（荒）得多，谁开得多，那些就是你们的后学，归你们领。"又说，"将来一贯道平收万教，老祖师出世坐天下，这个老祖是个穷人，不知谁能度他进来呢？"这些话，对于一心想当"前人"，享洪福的坛主们极富刺激性，大道首邓兴就曾亲口吐露心曲："后学多，走到哪吃到哪，穿的用的都有人供，人见了我就叩头，多大的官也得叩，比如王贯英是道台，陈玉汉是师长，求了道以后见我也叩头!"为此，他曾在"师母"孙素珍面前立愿，要和专诚坛大坛主张承忠比赛，看谁开荒多，成立佛堂度人多。结果，二人势力迅速扩张，邓兴先后亲自点道4000余人，并经常举办"仙佛班""忏悔班"，训练大批道徒为骨干，几年间从东郊到城内发展道徒五六万人，点传师200多名，分为四支五系，成为北京一贯道最大的实力派之一，号称"邓兴系"。此外，他还在张五福指使下多次派人到西安、重庆、福建等地开荒，发展组织。张承忠自然也不甘居后，他本是天桥地区有名的恶霸，领导专诚坛后，重用一批同他一样的流氓恶霸出身的坛主、点传师，大肆网罗"后学"，先后在京南大兴、良乡、固安、武清，京西冷泉、长辛店、房山，京东通县、三河等地开荒建坛40余处，分坛200多处，提拔点传师、坛主千余人，道徒5万余众，使专诚坛成为北平后起的第一个大坛。

一贯道的大小坛主，多是城镇富豪商人、恶霸权势，乡村地主富农之类，为达到"多度人"的目的，他们除了采用通常的"飞鸾宣化"（扶乩）和"入道可避灾免祸""死后冬不挺尸夏不臭"等迷信谎言蒙骗无知群众外，还常常利用手中权力，采取强拉软泡、经济控制等手段，诱迫群众入道。如西郊贯义坛主姜毓德，因所管理的一贯道产香山＆峪果园内有一水井，便以此要挟，逼迫附近没水村民入道，之后又进而逼迫道徒必须全家入道，否则须分家，致使许多村民父子分家、弟兄成仇。城内一些坛主，则以"辞退"或"搬家"相威胁，迫使店员和住户们入道。丰台田各庄的魏家村，地主富农全都入了道，坛主刘景泰身为地主保长，为强迫贫雇农入道，公然说："不入道，村里的饭不许吃，打短工没有你们!""谁不入给我滚出村去!"该村抓兵、派工、给地主家干活，入不入道都不一样，结果83.7%的村民被迫入了道。

到1944年，因道务发展太快，佛堂太多，总坛已无法直接统辖，张五福乃将全市道坛分为"孝、悌、忠、信、礼、义、廉"七善，善设善长，管理几个大坛，并委派陈明源、王秀贵、王维忠、王勋臣、马书鲁、米国权、安惠霖（后换为王钟麟）等人为八大中心代表，协助张五福管理道务。

为了便于掌握，1946 年，张五福又将其庞大组织做了重新规划，分为外四组、内四组两大块。外四组以北平以外的重庆、西安、多伦等地区划分，内四组则分别以北平前门大街和中山公园为界，分为外东、外西、内东、内西四大组。每组各由八大代表中两人执掌。此时，北平一贯道已发展到全盘时期，仅中层以上坛即达 1360 余个，家庭佛坛无数，道徒 20 余万人，成为北京地区最大的反动封建会道门组织。

为虎作伥

北京一贯道之所以能够在 1937 年"七七事变"后迅速发展起来，主要原因是依附了日本侵略者及伪政权。

在南京，一贯道师尊张光璧率先投靠了日本特务头子头三满。北平的张五福等人紧步后尘，与驻京的日本宪兵队长由里相勾结，领了"宪兵队顾问"的身份证，与师母孙素珍一起到各地传道，宣传不抵抗主义和亡国论，并积极布置为日伪搜集抗日情报，以及敛财集物，献铜纳铁等等，以取得敌寇青睐。当时有句话：日本人打到哪里，一贯道便发展到哪里。活画出了其卖国求荣、为虎作伥的可耻嘴脸。

在中国近代史上留下千载骂名的汪记大汉奸周佛海、褚民谊、王揖唐、胡毓坤、江朝宗之流，都是一贯道徒，周佛海还是坛主，褚民谊是点传师。一贯道开门迎纳这些国贼，不以为耻，反以为荣。1943 年，张光璧在北平道首米国权家度曾任汪伪国民政府考试院院长、华北政务委员会委员长的大汉奸王揖唐入道，礼仪十分隆重，张五福亲自点道，八

大代表中王钟麟穿马褂执礼、王维忠等端供。仪式后，又将王揖唐等邀
至兴化寺总坛大吃一顿。另一次，伪外交部部长褚民谊来京，张光璧带
张五福及米国权兄弟前往迎接，并设酒洗尘，席间还利用米国权弟弟的
军阀身份向褚讨了个"外交部顾问"的身份证，褚民谊当着众道首之面
对一贯道赞不绝口，并表示要把他们介绍给冈村宁次和兴亚渡边少将
（日特务机关长），张光璧、张五福等人则感激连声，奴态可掬。

　　一贯道上层如此，下面自不待说。在众多的中小头目中，不少人都
身兼伪职，如保甲长、特务之类。协助张五福办交际的点传师周灿如就
是个日本特务，出门经常带个伪警董巡长，狐假虎威，招摇过市。这些
家伙，一边焚香拜佛，一边肆行不义，乡下城里莫不如此。京西志达坛
坛主张鸿海，是个兵痞出身的伪保长，经常勾结卢沟桥伪警察局残害乡
民。1937 年，他诬控村民张鸿和有枪，带特务去抓，张鸿和闻讯逃走，
其妻身怀有孕仍被抓去，惨遭严刑拷打而死。对于那些不愿入道的群
众，张鸿海也不轻易放过，时常勾结日特和伪警随意拘捕拷打他们，甚
至逼嫁他们的妻子，奸淫拐卖他们的女儿。一次，他伙同日特冒充八路
军到各处诈取抗日情报，被当地共产党地下工作者赵玉品和孙福增同志
识破，张鸿海恼羞成怒，当夜便带特务十余人将赵、孙二人抓走，拉到
河边枪杀了。当地群众，惨死在他手中的有九人。类似这样血债累累的
汉奸恶霸坛主，名单还可以列出一长串，如丰台群众见了"怕得发抖"
的坛主孙玉藤、号称"吕三爷"的吕善庭、北郊的刘燮元、东郊的穆肇
增等。在城内，值得一提的还有天桥"北霸天"、点传师刘凤林（又名
刘翔亭）。此人原系军阀部队的连长，后充任天桥伪自治会会长，公然
勾结日军和伪警，搜刮地皮，勒索百姓，放债贩毒，逼死人命。尤为可
恶者，竟经常指使爪牙在光天化日下绑劫穷汉、乞丐，送到他经营的吉
祥戏院集中看管，至夜深人静时押上日本人的汽车，拉去当劳工。天桥

一带的市民小贩，提起此人莫不切齿痛恨。

1945 年日本投降，一贯道唯恐失去依傍，急忙向国民党摇尾乞怜。而国民党则看中其浓厚的反革命政治色彩及广大的社会基础可资利用，因而虽表面下令取缔该道，暗中却通过其特务机关对其加紧控制，并在报纸上公开为其汉奸罪行开脱，称其"所为皆是善举"。为掩世人耳目，该道更名为"中华道德慈善会"，由拥护"大东亚政策"变为拥护"戡乱救国政策"，继续与共产党和革命人民为敌。

1947 年，国民党北平特务机关曾召集一贯道大坛坛主以上人员和其他道会门头子在地坛附近集训了一个多月。之后，张五福曾向军统特务头子马汉三等人表示与共产党誓不两立，并答应可以令解放区道徒刺探我方情报供给"国军"。

为取悦当局，张五福等人不惜极尽阿谀逢迎之能事。据道首王维忠后来供称："……1947 年与王维山、王勋臣、米国权及张五福相携赴东城煤渣胡同给马汉三送虎画一张及镜框等物，又宴之，求马照顾一贯道；同年冬马任民政局局长，又与张五福相携去为马鞠躬道喜，筹送数百万元，并为马妻散发选票，竞选国大代表……"还有"乘汽车到国民党北平最高法院拜访院长居正，并送水果一大筐，后又在兴化寺总坛宴请居正，并曾在东安市场市隆饭店宴请（国民党）防空司令胡伯翰夫妇一次"。这样，使得一贯道得以紧紧攀附在反动当局的高枝上，威风不减当年。

当年那些曾为日伪政权效劳的汉奸坛主们，摇身一变，又成了"党国"的忠实鹰犬。"吕三爷"、刘燮元当上了中统突击队员，东郊的恶霸坛主穆肇增还组织起"清共委员会"，领取枪支进行反革命武装活动。该道八大代表之一的安松樵，与国民党警察局警务科科长，内三、内二分局局长，北郊分局局长，警察队队长等五人结成把兄弟。他家门前经常停靠着国民党官员的汽车，他领导的内东组，大小坛主多在国民党军警宪特机构中任职，或是军统特务、中统特务，或是"剿总"情报员、国民党区分部委员。他们凭借反动政权的势力发展道徒，诈骗钱财，又以道会的特殊身份助纣为虐，破坏革命事业，残害人民群众。如刘燮元就曾于 1948 年纠察属下及特务分子 60 余人，用暴力手段阻止清华大学学生的"反饥饿、反内战"游行示威活动。至于为国民党抓兵、抓夫，提供各类情报，更是该道大小坛主们的看家本事。

恶贯满盈

一贯道的大小道首们对外勾结权贵，为虎作伥，对广大道徒则骗钱、骗奸、谋财害命，无所不用其极。

道徒们是听信了"入道可以治病去灾，可见死去的亲人，可得护法真言避难躲劫"等一套玄妙的劝诱之辞入道的，可是从一踏入佛堂那时起，就不得不流水似地从口袋里往外掏钱，"入道费""功德费""行功费""免冤费""献心费""尽孝费"，花样无穷，胜过苛捐杂税。仅入道时每人交的"功德费"一项，就合十几斤白面，全市 20 多万名道徒就是 5 万袋面，大都落入少数几个大道首囊中。日伪时期，仅该道敛财机构之一的"中华善书局"，每天就能在"功德费"一项下，收入黄金十条以上！

道首们诈骗财物，除去办"佛事""超拔亡灵"等手段，主要还靠举办"仙、佛研究班"、"忏悔班"以及"度大仙"等，借办班"考财""考恐惧"之机大肆勒索钱财。例如，丰台小屯的点传师王致文开班"考恐惧"，把女天才李淑琴的母亲等四人藏在冰冷的花生囤里，冻得要死，李淑琴等为救出亲人，不得不赶紧"舍财"。道首们收钱，充分考虑"物价因素"，在通货膨胀、金圆券贬值时期，干脆只收白面、白布或银圆。有的坛主家，白面白布堆在屋里，顶着房梁。他们拿出小部分买几个香炉，点香办佛事，大部分都换成金条银器，藏于密室夹墙，成为私产。

北京大小坛主、点传师，靠"办道"发财者难以计数。点传师韦玉林原来很穷，做了点传师后在通县买地 49 亩，在城内河泊厂、大蒋家胡同买房 80 多间，他自己就曾得意地说："我发财全仗供大佛爷！"崇文和一坛主左鸿文在东总布胡同有一所大四合院，就是用诈骗 140 多个道徒的钱购置的。再如西郊广宁坟坛主固有生，入道前是个穷得吃不上喝不上浑身破衣烂衫的破落户，入道当坛主后，发展道徒百余人，靠道费收入成了暴发户，吃穿有余，还开了小铺。

中小坛主如此，上层道首可想而知。北京一贯道所属各坛收入，大部分须上交到张五福、张光璧手中，供他们过花天酒地、穷奢极欲的生活。仅从兴化寺总坛一处看，布置便极为阔绰讲究：名贵地毯、紫檀家具，上面还镶嵌有精美的象牙雕饰，百宝阁上古玩玉器价值连城，樟木箱内更收藏有殿版古今图书集成、御拓三希堂法帖及玉石图章等大量珍稀。他们在城内有多处房产，郊外有"义地"、果园和别墅，真可谓"富可敌国"了。张光璧 1947 年逃往四川时，所带黄金一项就有 1500 条之多。

少数道首的暴富，致使大批无知道徒倾家荡产。西单道徒魏某原本经营一家皮鞋店，生活殷实，入道后因不断交纳"献心费""香资费"等，很快被吸干血本，整个皮鞋店及五处房产均落入点传师杨生甫手中，全家生活无着。安一坛道徒白文海，也因几所房屋均被坛主傅扎森霸占，得了精神病死去，老婆白氏带着五个孩子忍饥挨饿，却不敢声张。朝外大街修自行车的黎某曾对人说："我入道后，站着赚的钱都跪着花了，三块洋钱只买三个五字真言，合两角钱一个字儿！"

道首们除了想方设法诈骗财物，还以种种手段任意摧残、污辱道徒，以巩固其说一不二的统治地位。如举办"忏悔班""仙佛班"时的"考道根""考恐惧""考魔炼"等。有时假设阴曹，用"阎罗小鬼"制造阴森恐怖的世界，恐吓拷打道徒，逼其"忏悔"；有时借口"神仙附体"，任意抽打折磨那些"心不诚志不坚"的道徒。西郊精化坛主郭宋中、道化坛主吕德茂、乐化坛主单兆铨等曾共同举办"仙佛班"，训练道徒200多人，前后历时七天。训练期间强令道徒长跪不动，动一动便遭藤条抽打，使道徒们在精神上、肉体上都受到很大伤害，竟先后有五六个人身心崩溃而死。一个叫五丫头的精神失常，将衣物烧毁后，穿一身新衣投井自杀。另一何姓道徒的女儿白丫头，因开坛执行礼仪有误，被申斥后服毒自尽。整个"仙佛班"，几乎成了罪恶的屠场。还有些道首常以香灰为"仙药"，让道徒以高价"求"去治病，治死人后还要骂人家"道心不诚"，西郊坛主姜毓德以及专诚坛张承忠等人都是这类造孽的大行家。东城南豆芽胡同道徒左金城，头上长个小疙瘩，让某坛主给治治，那坛主唱着问了病，然后喝了口水，用手一指咕噜几声，噗地喷在头上，又腥又臭，屁事儿不顶。

一贯道另一重大罪行是奸淫道中妇女。无论是"开班考色"，还是"坛训结缘"，都以满足道首们的淫欲为目的。更恶劣的是，某些坛竟组织了"暴字队"，以男子为骨干，专司骗奸骗钱之责，死在"暴字队"刀下的妇女，为数不少。

崇文区体一坛坛主刘殿芝，十几年间奸污妇女1000余人，并公然以此炫耀："我一辈子搞了1000多个女人，总算没白活。"

点传师王维一，以办"考色班"为名，以卑劣手段强奸昌平妇女阎某，又诱骗至重庆，阎不堪蹂躏，自杀身死。

西郊八角村坛主刘景全，以"结丹"为名，奸污18岁女天才康兰英，致使康堕胎而死，刘继而又强奸了康的姐姐（有夫之妇）及道徒李某之女，使李气病而死。

北率安坛主庞顺，强奸其童养媳，使之受孕，产后身死，紧跟着又霸占了其子的二房，儿子因此活活气死后，他不以为意，继续与子媳姘居。

类似这样的禽兽行径，在一贯道内比比皆是，其中最典型、为恶最烈的，当数专诚坛主张承忠与其妾丁氏。这对狗男女为填饱欲壑，居然在坛内大搞"结仙缘"，在男女道徒间拉皮条、配鸳鸯，强迫结缘之男女交纳可观的"感恩费""了怨费"。如不允，则"降乩"赐罪，常常是棍棒交加活活打死，以"了冤欠"。在死的威胁下，众多妇女被糟蹋勒索，敢怒不敢言。张承忠则变本加厉，不断以"献贞考色"之名诱奸女道徒，若有了孕，便交丁氏扎针堕胎，因此丧生的，家里还要拿出"超拔费"！在这极端残忍的欺诈下，许多道徒家败人亡，沦为他家的奴仆，有的则远走他乡避祸。

商人王文元经友人王子良介绍入道后不久，其父被日本宪兵队抓去，张承忠便趁机以请"老母保佑"为名，前后从王手中勒索一两千元，结果王父仍然死于日军手中，张承忠又劝王为父"超拔"，收去500元"尽孝费"。这还不算，紧跟着张承忠夫妇又以"献色赎体"为由，合谋奸污了王女荣敏，又利用王妻盼子心理，诱之以"吸气结丹"之法，将其诳至净室，由一男道徒奸污，并骗取数百元"感恩费"。王文元一家哪堪这连番摧残，不久妻女便相继死去，家产也耗尽了。而王文元的好友王子良，本是个资本很厚的古玩商，在张氏夫妇诱骗下，入道后便不断与女道徒轮流"接缘"，并向张学"大彭祖术"，纵欲无度，半年之内就被张骗去近万元，眼看油水榨干，张承忠便用"便衣队侦知王贩私烟，要抓他"吓他，将他吓得远遁绥远，惊恐之下得急症死掉了。而张承忠和丁氏，靠了这大笔的不义之财，不断买金添银，置房产，出门坐汽车，进门有仆役，电灯电话、新式家具无一不备，过着"活神仙"的生活。

满口"救苦救难、普度众生"的一贯道，就是这样一个敲骨吸髓、无恶不作的魔穴鬼窟。

垂死挣扎

1947 年，人民解放军在东北战场实施战略反攻后，张光璧与孙素珍等已知大势不好，连忙收拾细软远窜四川成都。同年 8 月 15 日，张光璧猝死。其妻刘率贞、子张英誉即与孙素珍争夺道权，由此一贯道便分裂成"师兄派"（又称正义派）、"师母派"（又称金钱派）两大阵营。北京道长张五福等归依在师母孙素珍门下。

此时，随着人民解放军在各个战场上的节节胜利，一贯道首们已感觉到处境不妙，于是加紧布置退守之策。1948 年，孙素珍委派一白姓点传师从四川来京，协助张五福在各坛开办"忏悔班"，实行"考道"以巩固内部。"忏悔班"上，道首们大肆宣传共产党杀人放火，要求道徒立愿效忠师母："从今后随孙师母上山到顶下山到底，如遇任何魔考不拉前不扯后，守定三宝不开斋不破戒，有始有终……"之后，张五福将总佛堂转移，财产藏匿，并与王钟麟、马书鲁等人共同策划了"撤销佛像、化整为零"等隐蔽方案。

1949 年 1 月北平和平解放，4 月，张五福召集四大组负责人十余人在王府井大街福丰西服庄楼上秘密集会，宣称："天时紧急，我将不出面了，以后道中事务统由王钟麟负责，单线传布……"紧接着，又以孙素珍名义发布"慈喻防魔考"，以东北等地一贯道被大规模取缔为鉴，要求道徒"不忘洪愿忍辱待时"，遇"考"时要"咬紧牙关，虚虚实实，承认错误，不承认罪恶，账目绝不承认"等等，共有19条对策。

1949年夏，孙素珍自四川潜回北京，为筹措长期隐蔽活动经费，发起"度大仙"高潮。短时间内全市各坛共度"杨六郎""白凤仙""黑龙大仙"等各式各样的"神仙"73名，骗取道徒黄金730两。11月，孙素珍在北新桥头条28号秘密落脚处召集北京主要道首开会，正式指派王钟麟、马书鲁、安松樵、陈名源、于德裕五人组成核心小组，代行道长职务，张五福则隐匿，暗中操纵。总坛再次迁于东四北大街松竹布店内。同时命各坛根据情况化整为零，分为"里"、"善"或"组"、"小支班"等。如安松樵将所领导的内东组分为五大里，里下分"小支班"若干，每班三至五人，定期每逢周六和月初一、十五早晚间，以招待亲友或串门方式在家中集会，开坛度人，扶乩求丹，新旧道徒按月交纳"香资费"，晚上开会时灯光全熄，夜间男女都睡在地上。

隐蔽活动的原则是"谨言慎行，小心大胆，外暗内彰"。为方便行动，各道首还纷纷开设店铺、商号作为职业掩护。时称四化：佛堂家庭化，道徒工商化，言语现代化，行动群众化。其用心良苦可见一斑。

为了坚定道徒守道的决心，抗拒破坏人民政府对反动会道门的打击，孙素珍、张五福经常以"喻、训、条"等形式，通过王钟麟等人向城郊各坛发指令，传谣言。1949—1950年间北京城内外谣言纷起，其中多数反动无稽之谣言都来源于一贯道。

如1949年扬言："国民党打不了，八路军长不了，将来是一贯道的天下。"防鼠疫时，到处撒白灰，道首们又放出谣言说："八路是三十七年（1948年）入的关，三十七年是戊子年，走耗子运，现在吱喳抓耗子，八路完了。"并且将一张白纸叠五折，中间剪一刀，展开可将纸条拼成"介石回北平、朱毛二命亡"字样，以蛊惑人心。

1950年，总坛又造出"坛训"，声称"天时将变世界大战将起"，

"五魔闹中原，万教齐发，法术齐施"，指示道徒"别参加工作，都起来干，能文用文，能武用武"。

同年"五一"适逢下雨，便又谣传"天心不顺"。夏天又造谣"鼓楼冒烟，石狮掉泪"，说"天安门石狮在李闯王时就掉了泪，天下没长久，如今又掉了泪"，并大肆诬蔑共产党和党的领袖是"魔王""怪物"，叫嚣要"以道制魔"。

农村土地改革时，又传出"母训"，不许道徒入农会，一些坛主还强迫道徒退还分得的土地，说"种地是瞎费力气，将来收粮是八路军的""秋后要实行二次土改"等等，弄得许多道徒不敢要地，更无心生产。八角村坛主刘景全还威吓群众说："你们穷小子别得意，等我翻过身来，一个个都把你们的脑袋切下来!"

大量荒唐的谣言在社会上传播，严重扰乱了社会正常的生产和生活秩序，如西郊道首制造了"新开山有个黑龙大仙，舍圣水给人治病"的谣言，使得众多百姓放下生产成群结队进山取"圣水"。再如总坛传出"苏联人要人眼和女人胎做迷昏药"，"现在有拍花的，专门割女人乳房和小孩儿的小便"等谣言，一时到处盛传，吓得群众晚上睡觉不敢熄灯，拿砖头堵上窗户，白天不安心生产，早早就下班回家。

朝鲜战争爆发后，一贯道喜不自胜，以为出头有日，到处散布"第三次世界大战打起来了，美国有原子弹，足以对付四五个苏联那样的国家，八路军要完了，国民党一回来咱们就都有出路了，将来师母就是真主，点传师都是县长"。

但是，等待他们的出路却是四面楚歌的绝境，在全市开展对一贯道广泛调查摸底，并逮捕了少数不法道首，张五福等人已知在劫难逃，但还欲垂死挣扎，急忙炮制了一篇《指路灯》秘密铅印下发，指示各坛要"巩固道体，第一得清理本支，有靠不住的教他远远地去……要有菩萨体、金刚心，大魔大考要有百折不挠的志向，闪展腾挪的办法，当进则进，当牺牲真牺牲"。公然号召道徒们整顿组织，不惜以武力对抗人民政权的取缔，一些坛主受命暗地纠集道徒练武，买枪磨刀，准备等待时机进行反革命武装暴乱。

调查摸底

北京市取缔一贯道工作，从新中国成立后到 1950 年年底，经历了一段比较长时间的调查准备工作。这是由于一贯道组织庞大，人员复杂，在敌伪留下的档案中查不到有关他们的情况，而且自人民解放军进城之后，其全部组织已化整为零，有计划地转入地下秘密活动，并采取了种种控制道徒、对抗政府取缔的措施。所以，要想在短时间内摸清其底细并给予彻底摧毁是很难办到的。

在这种情况下，北京市公安局在市委、市政府领导下，一面采用专案侦查等手段与一贯道等反动会道门的造谣破坏活动作斗争，一面派出人员组成专门小组，有重点地对一贯道活动比较猖獗的地区做系统深入的调查工作。

1949 年 8 月，由市局治安处特行管理科和东郊分局几名干警组成的一支精干的调查组进驻东郊东坝镇派出所，在群众治保积极分子的配合下调查当地一贯道情况。工作中，调查组得到一条重要线索：一个名叫高永周的男"三才"，1946 年以前曾给张五福当过七八年的天才机手，此人新近从外地返京，可能熟知本市一贯道的全面情况，高现住城内西河沿×号。

调查组组长白生智及时将此情况向上级汇报，经研究，对高实行了秘密拘捕，并很快取得了高的主动配合，陆续绘出北京一贯道总坛以下各坛的名称、坛址、坛主、重要点传师、三才，以及一贯道财产、职业点等重要情况。根据这些线索，考虑到 1948 年后一贯道逐渐转入隐蔽活动等新特点，市局指示各分局对本地区一贯道组织及活动情况进行认真的调查核实。

各分局在派出所所长以上干部会上做了动员布置，分别采取不同形式开展工作：或以治安科侦缉组为主，派出所配合，利用知情群众发现线索，重点跟踪调查；或采用秘密逮捕公开活动的坛主的办法，突破一点摸清内幕；或在整顿户口工作中配合了解会道门情况；等等。经过一段时间的调查，逐渐掌握了一贯道组织变化及活动特点、人员变动等大量情况。例如在对纯一坛坛主周纯身、王殿元家中搜查时，缴获其秘密活动的大量来往文件，从中看出：一贯道在本市仍有一个统一领导机构，指挥全市一贯道徒活动并与其首领（孙素珍）联系；各坛不相往来，直接由总坛实行纵的领导，并开办工商业以作为职业掩护。如东琉璃厂中华善书局已改为大德隆粮栈；外五专诚坛张承忠开设镶牙馆；一贯道师尊张光璧之子张英誉在南长街开设新民小学；阐一坛刘玉瑞在内一区五老胡同开设勤工女子工业社；勇一坛石兴业等在磁器口一带开设板箱铺……同时在调查中还发现：一些道首慑于东北、天津等地取缔一贯道运动的声势，悄悄潜遁，去向不明。这一时期的调查工作，取得了一定收获，但由于强调秘密原则，使工作进展的速度和广泛程度均受到限制。

1950 年 7 月以后，各分局纠正了神秘化倾向，开始了大张旗鼓的普查工作。如外五分局由李岩分局长亲自带领干警深入到各街道走访群众，掌握了以专诚坛张承忠为首的一批一贯道坛主、点传师的历史罪恶，并鼓舞激发起广大市民群众的斗争勇气，为以后大规模的取缔工作奠定了良好的群众基础。丰台分局（十三区）经过广泛深入的调查摸底，到 11 月基本摸清了遍布南郊区的一贯道十个本坛、91 个分坛、284

个家坛的基本情况，以及各坛坛主、点传师名单、活动形式及历史罪恶等。详细写出书面材料上报市局治安处。治安处将各分局上报来的情况汇总，综合整理后呈报市委，作为制定政策，拟订取缔计划的可靠依据。

在进行调查摸底的同时，打击反动会道门造谣破坏活动的工作也在同步进行，对于那些活动猖獗，有明显罪行的一贯道头子兼国民党特务分子，市局采取果断措施，将其逮捕归案。仅1950年6月7日这一天，便捕获了刘燮元、穆肇增、白秀如、陈启祥、刘景泰等11人，狠狠打击了一贯道的嚣张气焰。

是年盛夏，一贯道造谣："天安门石狮流泪、鼓楼冒烟，天下将大乱。"成百上千的市民闻风赶到鼓楼下，果然见城楼顶上烟气氤氲，舆论顿时大哗。市委得知此事，限令公安局一天内查清此事。治安处副处长刘坚夫亲自组织消防人员往上爬，消防云梯够不着，又拉来三卡车杉篙，连夜搭起脚手架，天亮时消防人员和记者们登上去，终于弄清那"烟"原来是一群群极小的飞虫，捕回样虫请专家鉴定，乃是"摇蚊"，生长于不流动水中，喜高峰，群居。鼓楼上空这一群"摇蚊"，据查是来自臭水淤积的什刹海。真相大白后，《北京日报》专门发了消息，市局也在鼓楼下公开展出实物，使谣言不攻自破。

1950年10月，在将全市一贯道组织及其内部首要、二三等道首名单和地址情况基本摸清后，市公安局根据市委指示拟定了《北京市处理一贯道计划（草案）》和《北京市人民政府取缔一贯道布告》，提出了对一贯道的处理方针：1. 点传师以上之重要分子及其他有政治破坏行为者逮捕法办；2. 点传师以下坛主以上（包括三才）勒令登记，加以甄别，实行管制，监视改造，3. 对一般道徒号召退道，凡脱离组织，停止活动者即宽大处理，免予究办。

同时，取缔前的组织准备工作也在抓紧进行。市委由秘书长顾大川同志负责，从全市各党政机关群众团体抽调人员组成若干工作组，准备深入城乡各地开展宣传动员工作。市公安局组成以治安处为主的指挥机构，领导逮捕、登记等项工作的具体实施。

至此，取缔一贯道的全部准备工作已然就绪。

严厉取缔

1950 年 12 月 19 日。早晨，北京市大街小巷，遍贴着由市长聂荣臻，副市长张友渔、吴晗签署的《北京市人民政府布告》。布告历数了一贯道在其反动首领操纵下，与日寇及国民党特务相勾结，出卖国家、危害人民、阴谋暴动等种种罪恶，并郑重宣布："为保障人民利益，维护社会秩序，并挽救误入歧途的受骗群众，决予严厉取缔，并规定办法如下：一、自布告之日起，所有会道门应一律立即解散，不得再有任何活动。二、一贯道点传师以上的重要分子及其他有政治破坏活动者，立即予以逮捕……（共六条）。"

逮捕工作，已于 12 月 18 日夜间付诸实施。根据市局治安处拟定的名单，各分局进行了充分准备和周密分工，于深夜突然行动，将全市130 余名一贯道首一举擒获。据外五分局一份情况简报称："18 日晚 7时，召集派出所所长以上干部会议，传达市局指示，组织了以侦查科科长为主的逮捕小组和审讯小组，10 时半出动，因事先早有控制力量的布置，所以立即将王钰堂、国鸿庆、韩俊谦、刘焕如、路明尧等逮捕来局（张承忠后在通县落网），并查出大批道具证物，直到凌晨 4 时才全部完成任务，经通夜审讯拿到口供，19 日晨，区委会召开全区干部大会，报告此事……"西郊分局的情况略有差别："方法，以查户口方式，先在其住宅周围、门口布置好武装、户籍警叫门，进屋内逮捕，使其无防备。检查时将其家人看于一室，令人带领搜查各处，查毕将证物详细登记，列成清单叫其具结。当晚 21 时至 22 时，捕 17 名，姜毓德、白振元、王子久……"因准备充分，行动迅速，除孙素珍、张五福等少数大道首事前闻风潜逃外，全市以王钟麟、米国权、安松樵、郭绪恪、王维忠等重要道首无一漏网，并当场搜出大量反动罪证：日伪及国民党特务证件、国民党旗和美国国旗、潜伏活动计划、反动谶语（谣言）底稿、手枪、刺刀、短剑，以及埋在砖下、藏于密室的大量金银资财等等。其经营十几年的兴华寺总坛被查封，市委刘仁同志曾于取缔当日亲往察看。

12 月 19 日，首都各报均在显著位置登载了北京市人民政府布告和逮捕反动道首的消息，同时刊出了社论、短评。《人民日报》在题为《坚决取缔一贯道》的社论中，严正告诫所有反动会道门头子，停止一切非法活动，尽早按照市人民政府的规定进行登记。

为使登记和退道工作顺利进行，由党、政、群众团体抽调干部组成的工作组在市委统一安排下，于取缔当日分别深入到有一贯道徒的工厂、矿区、村庄、街道，向群众做广泛的宣传动员工作；市郊各区、县也分别由派出所或区、县委召开工商、妇女、学生、居民等各类积极分子会或群众大会，号召登记、退道。有的还深入居民院进行宣传演讲，使党的政策深入民心，避免了因大批逮捕而使市民特别是广大道徒产生不必要的恐慌。

在强大的舆论配合下，市公安局将初步确定的登记名单和表格分发各分局，分局在管区内设若干登记点，抽调精干得力的干部组成登记小组，负责登记、谈话、记录及整理证物等工作。

但是，开始一段时间，那些应登记分子大部分仍然表现出惊慌和敌对情绪，有的外出避风，有的犹豫观望。而少数被迫前去登记者，态度也不老实，有不坦白、顽固狡猾、不说实话、不交组织关系及名册账目（功德簿）等种种表现，莫不与被查获的反动文件"应付魔考19条"中所指示的对策相符。

面对这种情况，各分局加强了宣传攻势，破除其对一贯道死灰复燃的幻想，同时认真分析研究了不同的登记对象的不同特点，采取启发教育、阐明政策与有重点的追讯相结合及按系统登记等方法，取得了突破性进展。一些迷信很深的家坛主，原来顽固地不肯说出"三宝"（一宝是玄关；二宝是口诀：无太佛弥勒；三宝是印：左手掐子，右手掐亥。此三宝在一贯道中被视为不可泄露之天机），生怕受到"口吐鲜血、五雷轰身"的报应。经过教育勉强说出后，多表现异常紧张。如外五区人民代表、商人张富昌在大会上鼓起勇气说出三宝后，脸涨得通红，出了一头大汗。点传师袁×说出后，两手一伸说："这下完了。"后来，发现并无"报应"迹象，于是"道心"开始动摇，其他情况便很容易讲出来了。

对于那些毫无悔过表示，抗拒和破坏登记，登记后仍继续进行破坏活动者，市局则采取果断行动，给予严厉制裁。1951年1月9日公开逮捕了抗拒政府坚不登记，并破坏登记工作的一贯道点传师郑采芹、杨少峰、李馥荨等，坛主刘振田、冯德荣、赵子光等及假登记后继续进行破坏活动的薛泉、司良禄等共27人。《人民日报》在刊登这条消息时，发表短评，正告那些"侥幸地设想取缔一贯道工作即将过去，向各坛发出'长期隐蔽活动计划草案'，让小头目装聋作哑，答非所问，对一般道徒大肆威胁、阻挠破坏登记退道"的反动道首，"人民政府的政策是十分肯定而明确的，那些敢于继续作恶的，人民和政府将以沉重的打击加在他们身上，直到彻底肃清一贯道为止"。

人民政府的决心，极大地震慑了各地区一贯道家坛主以上大小头目，前往登记者明显增多，其中不少人是国民党党、政、军、特人员。而且，实际人数比原来掌握的数字庞大得多。随着这股登记和退道高潮的掀起，全市一贯道组织及其思想防线，开始走向全面崩溃。

彻底摧毁

由于一贯道是新中国成立后北京市最大的一个反革命组织，其中反革命与落后迷信群众纠缠在一起，所以要想从根本上彻底摧毁它，必须将镇压反革命与反封建迷信区分开，最大限度地唤醒受骗道徒的觉悟，孤立少数反动道首，使之从组织上和思想上完全土崩瓦解。

为达此目的，主要采取了以下四种方法：1. 利用报纸、电台发动舆论攻势；2. 召开各种群众大会动员宣传，揭发控诉一贯道罪恶；3. 举办一贯道罪证展览；4. 动员道徒索还道款、诈款及被霸占财产。

取缔一贯道工作开始后，中央和首都各报刊积极配合，有重点地刊登有关一贯道罪行的各种资料，及时将取缔工作的动态、经验、成果以及社会各界的反映公之于众。在京的宗教界代表巨赞法师也发表声明，痛斥"反革命分子利用一贯道假借佛教名义乃至附会佛教教程，进行罪恶宣传"，并宣称"一贯道是我们人民的敌人，又是佛教的敌人"。巨赞法师的声明旗帜鲜明、态度严正、代表性强，对于刚刚开始的取缔工作起到了很重要的舆论配合作用。

在取缔工作中，由公安部门或工作组深入街道、村庄、工矿区召开的各类群众大会，是宣传动员群众，揭发控诉一贯道罪行，推动登记退道工作迅速开展的主要形式。如外五区，在天气寒冷，场地有限等条件限制下，主要以"片儿会""院落会"等形式召集群众进行宣传动员。有的派出所还在宣传会上加演了相声、短剧等，使政府取缔一贯道的政策和措施达到家喻户晓、老幼皆知的程度，特别是利用已觉悟的登记分子在会上揭发一贯道内幕，使上当的道徒如梦初醒，纷纷要求退道。这个区仅 1951 年 1 月 5 日到 7 日三天，就有 2826 人退道。同月，分局将逃至通县的大道首张承忠追捕归案，并于 16 日在天桥小桃园戏院和吉祥戏院分别召开千人大会，控诉罪大恶极的恶霸坛主张承忠和恶霸点传师刘翔亭（刘凤林）。受害道徒的血泪控诉，点燃了广大群众对一贯道的仇恨怒火，同时也极大地震慑了少数不甘服罪的反动中小道首，当场要求登记坦白和声明退道者，难以记数。

一份材料生动记叙了内一区召开群众大会的场面："觉悟了的女三才王淑清上台控诉，她着重讲了'顺天炉会'的黑幕，讲到炉会负责人刘新泉强奸女三才，打死人命时，群众肃静、叹息；讲到炉会中'兔子出窝、拜月、黑狗钻圈、丢手绢'等把戏时，群众不断讥笑，明白了一贯道最神秘的炉会原来是这套把戏。当王淑清说道：'我们本来两个买卖、两处房产，家境小康，这十几年来了冤欠、立佛堂、请大仙、孝敬张光璧，家道一年年没落，母亲病了没钱看病，一贯道就看不起我们了，师母也抛弃了我们，不承认我们是道徒，气死了我母亲，父亲患了神经病，丢下八个孩子奔往他乡，生死不知，孩子们只好靠卖花生、洗衣服糊口……'台上泣不成声，台下人人愤恨、流泪。一贯道八大代表之一的米国权的侄女米芝雯、米芝敏也上台揭发了'扶鸾请仙'的鬼把戏……"1950 年 12 月 27 日，北京人民广播电台曾专门转播过这次控诉大会的实况，收听者不下百万人。

在丰台区田各庄，村民十之七八都入了一贯道，正副村长、治安员乃至党支部书记都是道徒。当工作组进村时，许多人不敢说出一贯道情况，推说"耳聋，听不清""三宝早忘了"。有的干部还处处给一贯道打掩护，一些坛主则故意将葱蒜摆上饭桌，以示不再"清口"。面对阻力，工作组先召开党团员和干部会，号召党员、干部首先退道，然后深入群众访问，掌握情况，启发群众控诉。当 1950 年 12 月 29 日召开控诉大会时，拉黑土的、卖白菜的、拉脚的都歇了工，虽然风大迷眼，天很冷，参加大会的也有 300 多人，附近小屯等村也有人赶来参加。大会发言 30 多人，会后许多道徒主动要求退道。50 岁的寡妇高齐氏，过去吃饭时举碗齐眉供奉老母，当听说张光璧是个大流氓，还跟反动派勾结时，也马上退了道。

人民政府取缔一贯道的行动，在全社会引起了强烈的反响，多数人表示拥护，反映："过去政府太软了，一贯道早该处理，留到现在给群众添了不少害处，有什么可姑息的呢？""抓住他们就该枪毙！"但也有少数不明真相的人认为此举是小题大做，说："你看，说宗教自由，现在连一贯道都被逮捕了。"

为了在更大范围内向各界群众介绍一贯道罪恶，市局责成治安处牵头，于 1951 年 1 月 14 日开始，在中山公园水榭举办一贯道罪证展览会。展览分为三部分，第一部分展出了师尊师母和道长们从广大道徒手中诈骗来的财物样品：古玩字画、金砖银锭、珠宝首饰等，以及他们依靠这些财物过着荒淫无耻生活的见证———画着春宫图的烟具、榨果汁机、八音盒等等。第二部分是一贯道勾结日伪、国民党特务及新中国成立后进行反革命破坏活动的铁证，其中有收发报机、枪支子弹、刺刀短剑、反动证件、谣言谶语的底本和潜伏计划等。第三部分是露天佛堂，由悔过的坛主、三才登台表演点道、扶鸾请仙的骗局。

展览开幕后，无论刮风下雪，每天参观者不下 4000 人，影响极大。有的道徒边看边骂。虎坊桥有一李老太太想到自己一家被一贯道弄得倾家荡产，触景生情，放声大哭。在各界要求下，展出一再延期，直到 3 月 4 日才结束。前后观众达 26.6 万余人，其中有中央及各地首长 200 余人，各国使节 60 余人。通过办展览，有力地推动了全市的登记退道工作。原来认为取缔一贯道是小题大做的一位北京大学教授，看了展览后连连称赞政府"英明"。内三区一个道徒看了三才表演说："扶鸾有扶乩和玄机两种，玄机是上头放个盆，由盆底通过垂下一条老弦，吊着笔，一烧香笔就动，盘里就沙沙响，其实是盆里放着屎壳郎，一烧香，屎壳郎呛得乱爬，弦就动，笔也随着动，净是骗人的事儿！"过去，道徒们对张光璧敬如天神，只是磕头而不敢仰视，张自称"重瞳、双耳垂肩，有仙佛相"，看了展览后，道徒们才知道受了骗。

在发动群众彻底摧毁一贯道组织的最后阶段，最有效的方法是动员道徒索还道款、诈款及被霸占之财产。当此项运动尚未发动时，道徒们因怕叛道遭"报应"，加之道首们早已有假退道的布置，暗中有控制，所以许多道徒虽已退道，却"明退暗不退，过去怎么办，今后还是怎么办"，并称这是"应付魔考，熬过去就是天堂"。但开始退道款后，形势立刻变了。有些道徒从二三等道首家里（重要道首已逮捕）索回骗款或扛着整袋面粉回来了，其他道徒一看没事儿，加以有些地方早去索款的，已足数退着走了，晚去的因道首已无钱可退，只好空手而返或所退甚少，便更加按捺不住，争先恐后要求索还财物。最后连最迷信胆小的也忍不住了，说："他们过去收我们的钱去享受，现在不和他们算账还等什么时候？"

这股追索道款的浪潮还迫使一些顽固不化的坛主、点传师交出了隐藏起来的"功德簿"，原因是怕道徒们"漫天要钱"，还不起。退财时这些家伙或哭或闹，或跪下求道徒们少要点，个别的还威吓道徒："将来还有反过来的时候！"结果，道徒与道首间完全抓破了脸儿，变成了敌对者，往日那种种神秘的戒条和迷信传说一时被打得粉碎，其组织系统也随之冰消瓦解。坛主张宝元之妻退出道费后破口大骂："你别看现时，再过两年谁死谁活不一定！我就反动，家里财产都叫王八蛋给分

了，算账的男人都是王八蛋！"而要回财物的道徒们则兴高采烈，他们
索回了自己的财物，过去卖了农具入道的农民，现在又用追回的道款买
了农具，组织合作社恢复了生产。天桥西沟旁开馒头铺的孔昭轩，新中
国成立前卖掉全部家产交"尽孝费"，老婆因生活无着而急疯，他自己
则沦为张承忠的仆役。当他领回被骗去的钱财时，感激涕零地说："这
是毛主席救了我们，将被骗的钱要了回来，我一个钱也不胡花，好好地
做买卖！"还有许多退了道的群众，用追回的资产买了毛巾等物捐献给
志愿军，支援抗美援朝。

全市党、团、政府机关、群众团体及工矿企业内部的取缔一贯道工
作，与社会上同步进行。如市公安局，于1950年12月20日发布了由罗
瑞卿兼局长，冯基平、张明河副局长共同签署的命令，要求本局所属人
员凡参加过一贯道等反动会道门者，"应严格遵照（市政府命令）执行
为要"。接着，各分局分别召开全体干警会，首长亲自动员，并组织典
型报告启发退道，西郊分局局长刘汉臣，在分局干警大会上要求干警们
在登记和退道工作中起模范作用，"绝不允许有一个一贯道存在我们中
间"。讲话后当场签名退道者达71人，有67名干警还联名在报上发表
了"退道决心书"。

对于那些不肯登记坦白的则通过调查和揭发检举，逐一将其清理出
来。经工作，在留用干警和党团员中，共清查出包括安清道、八方道、
正字会、九宫道、亲民至善会等在内的会道门成员1100余人（包括已
声明退道者）。从而纯洁了干警队伍，巩固了专政机关的战斗力。

据统计，全市一贯道混入党团、政府机关、群众团体、工矿企业内
部者多达13356人，道首380人，其中党员782人，团员15000人。西
郊德王庙村党支部13个党员中有7人系一贯道徒，马道庙团支部16人
中有14人是道徒。经过登记和退道工作，使上述部门内的一贯道组织

得到了彻底的清除。仅在工矿企业内部便逮捕首要分子 7 名，登记点传师 82 人，退道 2423 人。

在开展退道工作的过程中，一些单位也曾发生过开展"万人退道竞赛"，制造假"退道积极分子"和强迫群众签字盖章保证不是一贯道徒等错误的做法，以及道徒们在退诈款、道款时发生过激行动等政策偏差。一经发现，均及时得到纠正。

北京市取缔一贯道工作，自 1950 年 1 月 19 日开始，历时两个月，取得了决定性的胜利。此役先后逮捕反动道首 381 人；枪毙王钟麟、王维忠、米国权、张承忠、刘翔亭、刘燮元、胡春霖、穆肇增等反动道首 42 人；登记点传师 720 人，坛主 4775 人，三才 663 人；声明退道者 178074 人；封闭大小坛 1283 个；发现并摧毁了其隐蔽的核心组织"号""善""里"等；没收道产 23 处（房 9 所、工厂 3 所、商号 11 所及义地、果园等）；有 633 名道首退出道费约 50 万元，五分之二的退道者受益。

斗争并未停止

大规模的取缔工作结束后，一贯道等反动会道门的活动并未完全停止，特别是 1954 年以后，一些已处理过的反动道首和未处理过的残余分子以为风浪已过，又开始蠢蠢欲动。甚至有人以"信仰自由"为名，几次到国家有关部门申请备案，争取"合法"，而大多数则改名换姓，秘密串联，进行地下活动。如在取缔中漏网的上层道首马书鲁，1950 年潜逃离京，在昌平农村中匿居，演习"中道法"（此法谬称：取缔前是"听人修道"，道长师尊去后只能"听天修道"，以此迷惑落后群众），以后他又辗转流亡，在内蒙古、陕西一带进行传道活动，于 1954 年年初在陕西泾阳县被抓获，递押回京，与在京搞复辟活动的一贯道首犯杜瑞鹏等 23 人一起被处决。

1960 年，国家出现暂时困难时，许多反动会道门分子又乘机开始活动，其中有劳改或劳教期满释放回来的道首，有管制或解除管制分子。他们以打拳、练功为名，公开在公园聚会，谈论道务，传播谣言（如大蟒谣言等），或则在家烧香磕头，念佛吃素，甚至公然画符念咒给人"治病"。有些外地道首还来京串联进行复辟活动，如山西文水县坛主冀某就曾来京与西城待命点传师武石氏接头，传授"五字真言"，指示恢复道务。还有些会道门分子狂妄地叫嚣："天下要大乱，白阳要出世收天下"，等等。

针对这些情况，市公安局曾先后几次开展了打击会道门复辟活动的工作，各分局也在会道门原组织系统逐人调查基础上，加强了对会道门活动的监查控制，使之难以死灰复燃。

应该看到，在我国，由于有着数千年的封建文化遗传，人民中相当一部分仍处于文盲或半文盲状态，其中尤以广大农村为甚。这种封建积习及其旧风俗习惯的存在，为封建迷信活动及会道门的滋生提供了土壤，一旦条件"适宜"，便会重新抬头。对此，我们绝不能掉以轻心。

图书在版编目（CIP）数据

老京城的春秋过往／刘未鸣，韩淑芳主编. —北京：中国文史出版社，2019.6

（纵横精华. 第三辑）

ISBN 978 - 7 - 5205 - 1386 - 9

Ⅰ. ①老… Ⅱ. ①刘… ②韩… Ⅲ. ①社会生活—史料—北京—清后期—民国 Ⅳ. ①K291

中国版本图书馆 CIP 数据核字（2019）第 228690 号

责任编辑：金硕　胡福星

出版发行：**中国文史出版社**

社　　址：北京市海淀区西八里庄 69 号院　　邮编：100142

电　　话：010 - 81136606　81136602　81136603　81136605（发行部）

传　　真：010 - 81136655

印　　装：北京新华印刷有限公司

经　　销：全国新华书店

开　　本：787×1092　1/16

印　　张：14

字　　数：172 千字

版　　次：2020 年 1 月北京第 1 版

印　　次：2020 年 1 月第 1 次印刷

定　　价：42.00 元
